Psychic Word Puzzles

Messages from the Universe,
One Puzzle at a Time
VOL 1

Applied Divination
Redmond

Copyright © 2021
ISBN 978-1-7356170-4-6

Contents

Getting Guidance
How to get your message

Think of this book as a personal Psychic, or the sign from the Universe you've been asking for. You do not need to use it front to back, nor should you. This book is for providing guidance in your life, and some sections may be more important than others in your journey.

Step 1: With intention, ask your question or request guidance from the Universe on your subject.

Step 2: Skip to the broad chapter relating to your query. Sections are divided into Love, Career, Money and Finances, Health, and Life and Experiences

Step 3: Pick a word search. You can choose randomly, use your gut feeling to select one, choose one based on the words that jump out at you from the puzzle, or just fill 'em out in order. It is entirely up to you.

Step 4: Complete the word search by shading over the words you find. Be careful not to completely black the letters out, as some letters may be used more than once. Complete cryptograms and Letter Tiles by following the directions under the first puzzle.

Step 5: Receive your psychic message! When the word letters have been crossed out, a message from the Universe will appear in the unused letters! The message will read left-right, top-bottom.

Types of puzzles in the book

Word Searches

The message from the Universe is hidden within the puzzle. Find it by shading out the words found under each puzzle, and reading what remains in left-right, top-bottom order. Be careful not to completely black out the letters of each word, as some letters may be used in more than one word. You may want to use a highlighter to cross out the found-words.

The search words might be in the following directions:
1. Horizontally, forwards and backwards
2. Vertically, upwards or downwards
3. Diagonally, forwards, backwards, upwards or downwards

The following pages have an example of a completed puzzle and the message from the universe:

P	L	P	R	E	M	E	M	I	T
T	E	I	S	U	L	Y	C	I	A
E	A	N	S	Y	N	P	U	S	R
A	V	R	T	D	C	E	P	A	O
L	E	O	S	A	L	H	S	A	T
I	S	C	T	W	C	O	I	P	A
H	E	K	H	R	O	L	F	C	N
T	D	S	O	U	L	R	E	N	S
O	O	T	R	W	A	N	D	S	U
I	N	G	U	Z	C	O	M	S	Z

~~PENTACLES~~	WANDS	ANSUZ
TAROT	TEA	RUNES
ISA	THOR	SWORDS
CUPS	~~LEAVES~~	ROCKS
PSYCHIC	INGUZ	SOUL
TIME	UNFOLDS	OTHILA

Once all the words have been found, a message from the universe will appear in the remaining letters.

P	L	P	R	E	M	E	M	I	T
T	E	I	S	U	L	Y	C	I	A
E	A	N	S	Y	N	P	U	S	R
A	V	R	T	D	C	E	P	A	O
L	E	O	S	A	L	H	S	A	T
I	S	C	T	W	C	O	I	P	A
H	E	K	H	R	O	L	F	C	N
T	D	S	O	U	L	R	E	N	S
O	O	T	R	W	A	N	D	S	U
I	N	G	U	Z	C	O	M	S	Z

Message from the universe:
EmilyPaper dot com!

Cryptograms and Letter Tiles

Instructions for how to complete cryptograms and letter tiles can be found under the Love and Relationships cryptograms and letter tiles puzzle pages.

FAQs

What if it doesn't work?

Come on, dude. It's a puzzle. Did you accomplish something? Did it help you meditate a little on your subject? Then it worked. Also, you might be surprised at the message you receive. And like Tarot, Runes, Tea Leaves and other divination methods, the answer may not make sense today, but may become very clear as your day and life progress.

Why are some words spelled in Canadian English and some in American English?

Because I'm a dual-citizen and they fit better this way. Don't question it, just find the words.

What if I don't need an entire category?

Are you happy in love and career and you don't have any questions *at all* in those subjects? That's amazing, congratulations! Feel free to:

1. Share this book with a friend who is struggling in the subjects you don't need.
2. Do the puzzles anyway. It's a nice way to meditate, to exercise gray matter, and maybe you'll get an answer to a different question you have.
3. Curse the skies for blessing you with an abundance of successes. Curse me for wasting some of your ten bucks. You can find me on Twitter as @appliedtarot and I'm fine with being hexed for wasting your time. I'm sure I have been hexed for worse today.

What's with the ads?

My friends are artists and I want you to know about them. To inquire about placing ads in Puzzles Vol. 2, contact emily@emilypaper.com

Love and Relationships

Word Searches

1

```
E  E  D  E  D  N  U  O  R  G  A  V  D  N  O  B
E  E  D  I  R  B  R  Y  E  C  F  T  H  I  I
N  G  E  S  O  L  C  T  K  L  U  F  N  H  A
T  O  U  C  H  H  O  T  I  I  A  D  A  R  R
W  I  T  U  O  A  N  T  E  E  S  T  D  I  S
O  U  S  S  A  B  N  F  H  C  O  S  I  L  R
U  T  E  S  O  T  E  H  E  N  E  H  P  V  E
R  N  K  S  I  M  C  L  A  E  E  U  A  K  E
A  W  I  D  N  A  T  S  R  G  L  G  R  N  U
S  E  N  T  T  R  I  O  T  R  A  I  T  O  N
D  D  S  U  I  R  O  N  D  E  E  R  N  T  S
A  D  H  T  M  I  N  A  N  V  D  I  E  G  N
T  I  I  G  A  A  R  E  D  N  E  R  R  U  S
E  N  P  O  C  G  F  O  U  O  R  S  E  L  V
A  G  O  N  Y  E  E  S  T  C  E  F  R  E  P
```

CONVERGENCE	CHOSEN	KINSHIP
MARRIAGE	BOND	RELATIVE
TOUCH	WEDDING	CLOSE
KISS	AFFAIR	PARTNER
FEELINGS	BRIDE	PERFECT
GROUNDED	HUG	KNOT
TWO	INTIMACY	CUDDLE
SURRENDER	CONNECTION	BINDS
HEART	AGONY	DISCUSS
DATE		

Message:_____

Solution on page 143

2

```
Y C C Y N R E H T E G O T E V
L O O C E H S E T A M M A E T
I M N L R P O E H S E T L T I
P P F A V O R N R A L L K E R
P A I M S F C O E I R O R A I
A N D R S N H Y P S S M O N P
H I E O E E A S C O T E O E S
A O N N N L T E U O N Y D N W
P N C H D O A A U L M E I S Y
P D E S I R E T I G B P N N T
Y E L I M S I T I L O A A T H
S E I T I L A E R O I L A N P
E M P A T H Y P W U N F A Y Y
T O B U D D Y B E W S I F I T
H Y E T A M L U O S O T U A D
```

COMPANION   EMPATHY   NORMALCY
CONFIDENCE   TALK   SOULMATE
DESIRE   RELATION   SPIRIT
TRUST   HONESTY   TIMIDNESS
PAL   HAPPY   BUDDY
PROPONENT   AFFILIATES   CHAT
HARMONY   SMILEY   TOGETHER
REALITIES   DIALOGUE   WEIRD
FAVOR   TEAMMATES   BLUSH
HAPPILY   DESIRE

Message:_____

3

```
T  H  E  H  C  T  A  M  H  M  A  E  U  A  L
S  B  E  S  T  I  E  S  T  A  E  G  N  H  I
D  R  E  P  A  R  T  N  E  R  T  T  T  E  N
N  U  L  H  Y  E  D  F  A  Y  E  H  E  T  E
O  I  E  O  T  S  E  R  R  N  E  E  D  E  M
I  D  T  T  I  O  N  I  U  E  W  R  S  M  E
T  U  O  W  V  U  I  E  N  R  S  H  I  B  G
A  O  G  O  E  R  O  N  I  E  T  O  P  R  N
N  S  E  S  G  C  J  D  F  H  W  I  L  A  A
I  N  T  O  N  E  N  S  Y  W  I  E  R  S  T
B  O  H  M  O  F  O  A  L  E  C  V  E  E  R
M  E  E  E  L  U  C  T  M  M  E  E  A  S  A
O  M  R  W  Y  L  L  A  N  O  S  R  E  P  S
C  M  A  T  E  S  O  R  K  S  R  E  V  O  L
T  H  E  H  C  T  A  M  H  M  A  E  U  A  L
```

MATCH	PARTNER	DUET
BESTIES	CONJOINED	TOGETHER
MARRY	FRIENDS	TWOSOME
PARTY	UNIFY	LONGEVITY
PAIR	TWICE	SOMEWHERE
UNITED	COMBINATION	CLOSER
RESOURCEFUL	ROMANCE	SWEETPEA
EMBRACE	DUO	GATHER
ARRANGEMENT	OTHERS	MATES
LOVERS	PERSONALLY	NEWNESS

Message:_____

Solution on page 143

4

```
C  P  I  H  S  R  E  N  T  R  A  P  B  L  O
R  O  O  D  T  U  O  O  D  E  V  U  E  E  S
W  N  H  D  E  L  I  F  N  L  I  N  T  E  L
L  A  I  A  L  L  O  F  A  O  B  E  R  S  A
N  M  T  L  B  Y  B  I  B  P  R  R  O  U  I
D  S  C  E  O  I  F  C  S  E  I  P  T  O  T
E  M  H  C  G  S  T  I  U  W  D  O  H  P  P
I  O  E  E  N  E  U  A  H  I  E  N  E  S  U
R  O  D  R  E  P  D  N  T  F  S  S  D  N  N
R  R  T  E  W  A  L  T  H  E  M  R  O  O  U
A  G  D  M  L  C  G  A  H  O  A  T  H  I  E
M  R  R  O  Y  S  M  A  T  R  I  M  O  N  Y
A  A  E  N  W  E  C  S  T  E  D  O  F  U  L
O  N  S  Y  E  V  U  I  W  E  D  D  I  N  G
N  D  S  G  D  C  N  O  O  M  Y  E  N  O  H
```

COHABITATE	PLATED	WIFE
GROOMSMAN	BRIDESMAID	PARTNERSHIP
MARRIED	PRENUP	MATRIMONY
HITCHED	BETROTHED	GOBLETS
DRESS	SPOUSE	OUTDOOR
CEREMONY	NUPTIALS	HONEYMOON
NEWLYWED	OFFICIANT	CUSTOMS
ESCAPE	HUSBAND	GRAND
WEDDING	ELOPE	UNIONS
FILED		

Message:_____

Solution on page 143

5

```
E N I G A M I E T E R N A L Y
R A Y E C O L R E V E R O F N
Y L A R E C O M M E N C E D I
Z W D E G N V I Z E T L H A T
A A E T V M E M O R I E S A S
R Y M S R E B M E M E R L G E
C S O N E L R Y S O U R H N D
R E S A E U G L O R Y T E I L
T E E M A T L T A S I R A L O
N S H U I P E A R S S U V E S
E R E H W Y R E V E T E E E O
T Y L U R T B C W H A I N F U
N S G E L M C O N S T A N T L
O V E E U C R A L I V E T G I
Y T I N R E T E U Q N A B M E
```

DESTINY	ETERNITY	HUMANS
ETERNAL	ALIVE	BANQUET
IMAGINE	CONSTANT	LOVE
SOUL	RECOMMENCED	FOREVER
FEELING	TRULY	SMILE
TRUE	NUMBERS	CRAZY
GLORY	EVERYWHERE	VALUES
ALWAYS	EVERLASTING	HEAVEN
SWEETEN	REMEMBER	NEST
SOMEDAY	MEMORIES	MEET
CLUES		

Message:_____

Solution on page 143

6

```
R D F C S M T Y Y D D U B R F
E A A H R R E T L A N E W O A
T N M E D D A R M O C R O R
S E I E L F H Y N O R C I M E
I T L R E R E T H I E A N M N
S A Y L C I U A O S N T W A T
E R N E N E G M M R R G E T R
N E O A A N A I E E B S I E A
O D I D T D E G B T L G I B P
I E N E N B L O O M H B M E N
P F A R I G L H Y T U E A S O
M N P I A B O B N Y N I T T O
A O M M U G C E E T T H D I S
H C O D Q A S S O C I A T E E
C R C A A S S R O T A I D E M
```

SISTER	PARTNER	STABLE
CONFEDERATE	CRONY	CHEERLEADER
COMPANION	BUDDY	FORCES
BLOOM	ROOMMATE	HOMEBOY
ACQUAINTANCE	BROTHER	WARMLY
FRIEND	MENTOR	MEANING
COLLEAGUE	CHAMPION	FAMILY
MEDIUM	BESTIE	MEDIATORS
AMIGO	COMRADE	ADMIRE
ASSOCIATE	TIGHTNESS	LEAD

Message:_____

Solution on page 143

7

```
E S A H C Y C I L O R F L T E
A E V E E N L I Y T R A P N L
T T L T L A I L S O Y N E A F
Y S A N E P O L C R T N V P E
A E I E B M S K A A T I R I S
D T C O R O S R I N N V U C T
H I O A A C E Y N R E E N I I
T R S D T N O T A H V R E T V
R U H C I C O C M W E S D R A
I O O T O U H I K S Y A E A L
B V I F N V O R N T L R O P V
C A R O U S E R E U A Y T R S
A F S L A I D R O C E I N N D
F H T H I R S T Y R I R L E E
N D J U B I L E E E R I O S S
```

BIRTHDAY   FROCKS   REUNION
FESTIVAL   CHASE   MANIACS
SOCIAL   ITINERARY   JUBILEE
NOSH   THIRSTY   CATCH
SOIREE   PARTICIPANT   FAVOURITES
CARNIVAL   COCKTAILS   CAROUSER
EVENT   CELEBRATION   ENTRYWAY
PARTY   COMPANY   TEA
BASH   DISCOVERY   FROLIC
ADRENALIN   ANNIVERSARY   CORDIALS

Message:_____

Solution on page 143

8

```
G R R E A D R A U G E F A S Y
N M E E S I A S S I S T M S L
I M B S S S P R A I S E E E P
M E R E O R T L R O U V N N P
L N E I R U Y T E H R O D S U
A E T N T P R T L H O R S U S
C Z A A E T A C I N H P K O T
R I R P D S H D E V C M E I M
E T O M O R P E F N I I F R O
A I I O E R T V A E A T H E E
T C L C O V L E L H E B C S G
E S E C I L O I L T C L L A I
V E M A T L L L O E T A I E V
A E A T H G I E W H S I E N E
S K C A B W O R H T N G S T G
```

SUPPLY	PRAISE	DISRUPTS
AMENDS	LAST	HELP
GIVE	ASSORTED	IMPROVE
LOVE	FEELING	AMELIORATE
RESOURCE	CALMING	ENABLE
RELIEF	WEIGHT	ACCOMPANIES
SAVE	EASES	ACTIVITY
THROWBACK	CREATE	CHORUS
PROMOTE	SEEK	SAFEGUARD
ALLOW	RELIEVED	SERIOUSNESS
TEACH	CITIZEN	HELLO

Message: _____

Solution on page 143

9

```
W E M E S E L A T Y R I A F P
I T A L E G T R O P P U S R O
S A Y B P L N R E P A R E E E
H C B A L O E I N A E E L P Y
N I E E B J M E T R H C A L U
O D S K O D E A R C E T H Y E
I E E I A E G D Y S E B P U S
T D C L I L E E U L D P W A I
I E G L L L L M S T A I X N A
N C D E T I W O S H I T E E R
G I W K S R O C A D O T F B P
O S E I E H N L U F E T A R G
C I R N N T K E R I D U O R P
E V H D O D C W T N A L L A G
R E S I H T A P M Y S G L E S
```

REPLY	EXPECTING	GRATITUDE
GRATEFUL	SWELL	REJOICE
RECOGNITION	GLAD	SUPPORT
PRAISE	GALLANT	WISH
MAYBE	KIND	DECISIVE
SYMPATHISER	DEAR	LIKEABLE
ACKNOWLEDGEMENT	WELCOME	SHREWD
FAIRYTALES	THRILLED	DEDICATE
PROUD	CHEER	HONEST
HAPPY	SCRAPPY	PAL

Message:_____

Solution on page 143

10

```
E  T  B  C  F  H  O  O  S  H  E  Y  E  O  L
P  S  E  U  L  A  P  R  E  R  E  L  G  A  L
I  I  C  D  E  S  N  R  T  I  T  T  A  L  E
C  R  A  O  I  E  E  T  I  R  N  S  S  H  P
I  U  U  P  S  A  C  V  A  N  W  I  S  E  S
P  T  S  L  F  E  M  N  I  S  C  Y  A  U  I
E  U  E  T  G  A  S  R  A  T  Y  E  P  T  O
E  F  E  R  O  F  W  F  E  M  A  P  S  V  B
L  R  A  E  O  M  E  A  A  M  O  R  E  T  T
S  H  E  R  R  A  E  S  I  R  T  R  R  O  B
C  E  M  A  F  M  T  L  T  T  C  O  N  A  E
T  E  H  A  A  N  S  A  O  I  I  N  T  N
D  O  C  B  B  R  E  E  M  I  R  N  C  N  B
A  T  D  C  L  D  S  E  O  M  P  Y  G  A  A
S  E  C  N  E  C  S  E  L  O  D  A  N  Y  L
```

FUTURIST	SWEETNESS	FACTS
EPIC	ROMANCE	ADOLESCENCES
FANTASY	TRANSFORMED	FARCICAL
PRINCE	SUPPORTS	BECAUSE
STORY	SLEEP	ELF
TALE	HEREAFTERS	NARRATIVES
SPELL	CHARGE	PASSAGE
MERMAID	OVERCOME	CUSTOM
FABLE	AWAITING	DRAMA

Message:_____

Solution on page 143

11

```
Y C N C S E M E H C S U E D A
R V A O E E R O L R A P E V R
E T R F T U S T A E I T O E N
T Y B F E O D Y V S P C W T P
A H O E L H B U S E A T R O E
E A T E P A O O C D H S H D Y
E T Y O M N G C O U I S O C T
R S R H O G A I N K P L T E I
U I E I C O I H G K S E S N R
T Y N D B U L C R S T T P A B
N B I E T T A Y E O E U O I E
E B D A R S E O G R R G T R L
V O E W U D E T A U Q E D A E
D H I A S L L E T N S A R E C
A Y L Y A W A T E G R E G A W
```

EATERY	SHOP	ACCEPTED
HOBBYIST	CLUB	HIPSTER
COFFEE	GETAWAY	ADEQUATE
BOOKSTORE	BITES	CONGREGATE
HANGOUT	HEAT	ADVENTURE
CELEBRITY	WAGER	CASUAL
HIDEAWAY	CAFÉ	AVOCADO
PARLOR	DINER	COMPLETES
HOTSPOT	GOSSIP	NOUVEAU
WEDGES	CHIC	ANECDOTE
SCHEME	TELLS	

Message:_____

Solution on page 143

12

```
W O H S Y V S P Y G O L I R T
L A N A S R I L N R A W E M E
P S O P M A E L A E E L U D A
N I G H T N M N L M I S T E Y
K N C O E I I A E A I G I H R
C T W T R A S E R C I N E M A
A V E A U T I T A D S N A O T
R N S G T R L L E N I E Y V N
T A T R A E E F I W U T I I E
D I E A E T N S E Q U E L E M
N P R P F N T I S S J U S S U
U S N H T E V A N O O T R A C
O E W Y I E M C I T A R E P O
S H T H R Y O U A C T O R S D
R T S P E L D I R E C T O R F
```

DOCUMENTARY   PREVIEW   SCENERY
SOUNDTRACK   TRAILER   MASQUE
NIGHT   THESPIAN   MOVIES
PICTURES   ANIMALS   CARTOON
ACTORS   FEATURE   SHOW
PHOTOGRAPHY   MUSICAL   VILLAINY
DIRECTOR   SEQUEL   SILENT
ENTERTAIN   DRAMAS   OPERATIC
CINEMA   MISERY   WESTERN
TRILOGY

Message:_____

Solution on page 143

13

```
E U Y G N I K N I H T S U O J
S R E G Y O O U C R E E E S C
M R O X E I I T S L S M T T O
I E M C S T I T B E N A H S N
G T E U S P A M A N L G P O T
E N P T I C I R T R I B L P E
O U I U I N O R T F E W A E S
E O H O O N O M I S R N Y T T
D C S C K T G M P T O M E A H
I N T S T N E S E U L E R G G
V E R T U A S A O D T A S M I
T O U R N A M E N T N E I E N
O N O E W S S E I L L A R R O
P W C E M E H C S T R O P S T
E O T N E M E G A G N E P L E
```

PLAYERS	MATCH	PANDEMONIUM
SPIRIT	ENCOUNTER	JOUST
GAMES	SPORTS	CONTEST
STRATEGY	FIGHT	THINKING
VIDEO	RALLIES	GENERATION
COMPUTERS	TABLES	MEETINGS
TONIGHT	ENGAGEMENT	NIMBLE
TEAMS	SCORE	RUNG
PITCH	COURTSHIP	SCHEME
TOURNAMENT	TWO	GATEPOSTS
SCOUT	TRIAL	

Message:_____

Solution on page 144

14

```
E  S  O  I  M  G  N  E  T  C  A  T  N  O  C
T  U  I  N  M  N  O  R  E  T  N  I  R  P  E
C  N  G  F  S  I  I  T  E  O  N  L  I  N  E
I  O  R  O  H  N  T  R  E  D  A  D  V  I  Y
R  I  I  R  L  R  A  C  E  E  O  Y  O  U  E
B  T  D  M  A  A  C  I  G  A  C  C  E  S  S
A  A  I  A  I  E  I  H  D  I  D  V  E  V  E
F  L  R  T  C  L  N  D  A  E  E  O  O  D  G
L  L  O  I  O  E  U  T  H  N  M  I  U  E  A
A  E  N  O  S  A  M  R  S  E  N  C  I  T  S
T  C  E  N  S  R  M  N  S  W  H  E  A  T  S
T  N  E  Y  A  N  O  H  O  U  M  U  L  S  E
I  A  R  H  T  I  C  T  I  U  C  R  I  C  M
C  C  C  F  N  N  E  T  W  O  R  K  O  L  L
E  O  S  U  W  G  N  I  T  I  F  E  N  E  B
```

COMMUNICATION	SOCIAL	BENEFITING
CONTACT	INFORMATION	CHARM
NETWORK	SCREEN	CANCELLATION
ONLINE	DECODE	READOUT
FABRIC	EYES	LEARNING
DIALOGUE	ACCESS	CIRCUIT
LEARNING	CHANNEL	UNION
VOICE	MEDIA	PRINTER
MESH	MESSAGES	GRIDIRON
LATTICE		

Message:_____

Solution on page 144

15

```
S  B  M  S  O  M  S  C  I  H  C  Y  S  P  T
A  L  E  R  E  E  T  O  H  A  I  N  M  L  L
L  L  A  L  A  G  N  D  W  N  O  O  S  A  U
C  E  G  U  I  H  N  I  D  D  L  R  I  N  C
H  P  U  N  T  E  C  F  V  S  E  A  T  E  C
E  S  E  S  I  I  V  I  A  I  A  C  E  T  O
M  E  S  R  G  S  R  E  F  T  D  L  N  F  D
Y  U  S  L  I  N  S  D  R  O  E  E  G  S  E
C  F  J  R  U  T  I  E  S  T  R  S  A  A  V
E  A  R  O  A  U  S  N  L  N  D  T  M  T  O
H  N  H  E  E  E  C  E  R  B  C  O  U  R  T
P  A  R  E  X  P  L  A  N  A  T  I  O  N  E
O  T  F  A  R  C  H  C  T  I  W  N  G  N  E
R  I  N  D  I  V  I  D  U  A  L  E  U  A  R
P  C  A  L  L  E  R  Y  R  E  C  R  O  S  M
```

RITUALS	EXPLANATION	CODIFIED
DEVOTEE	PLANET	BLESSING
BELIEVER	CALLER	CHARM
FORTUNE	PSYCHICS	ALCHEMY
INDIVIDUAL	WITCHCRAFT	PROPHECY
RUNE	HANDS	WARNINGS
SPELL	MAGIC	SORCERY
GUESS	LEADER	FANATIC
DIVINE	CLEAR	LINES
ORACLES	TREATS	MAGNETISM
FATES	OCCULT	

Message:_____

Solution on page 144

16

```
D N E I R F E L L O W W H C E
N W O O D S B R I A N L O D G
T A N G E N T S T I A N N O G
S T N E D I S E R I N U P O R
E H A C N C R R C E I T I H A
I C C N E I S O C M O A R R I
T E E A F C S T O M I P E O L
I T D U E L A T I B N A T B I
C A A N D B E S R T A R T H M
W I N I A T H U A E C O M G A
V D E W P T B L N I E L M I F
E E M H O U S E E E N T A E T
R M O F S T I E T E V I A N R
G M R S S E P A C S M A E R D
E I P T L A R U R E H T O R B
```

NEIGHBORHOOD   BEACH   CONNECT
WOODS   AVENUE   IMMEDIATE
RESIDENTS   DREAMSCAPES   FRIEND
HOUSE   LAND   TANGENTS
UPTOWN   DEFENDED   PROMENADE
RURAL   STREET   NAIVETE
CITIES   FELLOW   STAND
SUBURBIA   BROTHER   NUANCE
WATER   FAMILIAR   AREA
SOCIAL   VERGE

Message:_____

Solution on page 144

17

```
T U O D N A T S T D A C C A E
C N P T O D A L E L I N C P V
H I E T D A O V E R A C E P T
E R I M D A R O R I O R O L E
E N S S E E I E G M M V S A T
R C M R S T E N P I N G I U A
F E I E Y O A L T U N D O D L
N L D H S C I T R I B U T E U
O L R T T S O T S T E H I N T
K P A O H Y A U K R Y S O U A
N H W M W C M G R B E T T E R
A O E S I A R P E T I D L L G
H N R K E G N J O S E Y N T N
T E H E I E E T U L A S M U O
R E T T A L F S L O B M Y S C
```

NOD	CONGRATULATE	PERMIT
REWARD	APPLAUD	MUSINGS
CHEER	CARE	ACCOMPLISHMENT
THANK	COURTESY	SYMBOLS
BETTER	LIKE	UNDERSTATEMENT
SMOTHERS	SALUTE	PRAISE
DESERVED	GREET	MESSAGES
DAINTIEST	MYTHIC	STANDOUT
ADMIRE	TRIBUTE	CELLPHONE
GOOD	FLATTER	LEGACY

Message:_____

Solution on page 144

18

```
L A S O P O R P H O F F E R S
S T T H E B D R A C T S O P L
T T E T S S R E R I U Q N I A
N T S T E I M Q M E E S T N I
E O M A N N A U O A N K O C R
M I Y E O O D E N O N M F E O
E R N I T T I S I V M D N N M
C E O V E N D T E U S I O T E
N H M S I B I E S F O G I I M
U B E L E T T E R E A N T V O
O R R E E O A R E Y G I S E C
N I E P R U S T L E D G E S L
N B C R O S U N I E E G U K E
A E A D T I M P L O R E Q S W
H C H A L L E N G E N B E A M
```

PETITIONS	ATTEND	ANNOUNCEMENTS
REQUEST	QUESTION	INCENTIVES
SUGGESTION	DEMAND	HARMONIES
LETTER	INQUIRERS	BEGGING
INVITATION	TURN	MEMORIAL
POSTCARD	VISIT	CHEERS
TOAST	CARROT	OFFERS
NOTE	ASK	BRIBE
CEREMONY	CHALLENGE	RUSTLED
IMPLORE	SUMMON	AGO
WELCOME	PROPOSAL	

Message:_____

Solution on page 144

19

```
R A I L I M A F D A O N O S R
C E T P O U T S M A R T E E U
O T C T B H E A K E Y S S T O
O Y O N S E Z I L A I C O S O
P U D R I I F H R V U A P A P
E E D I N V N R D E E S T S F
R Z L G I D N A I N D T S E R
A I E O M N U O E E A N X G A
T H S O N U B P C C N P E A T
E T U E E O U U H O L D L T E
Y A S M O B D E N O N E S N R
L P P S A E D R R W L F O A N
L M T C S N Y E I K I D I V I
A E C N A D I U G V E N S D Z
R E S U S C I T A T E T D A E
```

CONFIDE   BOOSTER   ADVISES
OUTSMART   UPHOLDS   RESUSCITATE
SOCIALIZES   HUMAN   FRATERNIZE
FAMILIAR   DRIVE   EXPLORE
SEDUCE   RALLY   TENDER
BUDDY   RESCUE   UNWIND
BEFRIEND   ADVANTAGE   GUIDANCE
ATTACHED   COOPERATE   AMAZING
EMPATHIZE   BOUND   CODDLES
CONVINCE

Message:_____

Solution on page 144

20

```
C E R E M O N I A L S I T I O
T S E R E T N I S L T D S D R
H O I L H K M E S I T S E U D
I P A U O T A D E W E T F E I
N O T D T I U S N N E E T T N
G R P E H I E O L R P I U S A
E P E S S I L U M I R P V E R
R A C I O D F I N D U S T R Y
E P N G S E N D T E A R H E E
V P O N S A U I E Y O B E T V
E A C U T S O S M L F T O N L
S R H I T I E S L R I E R I O
R E O R L M A S T I O A Y N S
E N Y S A O B J E C T I V E E
P T H N O I T C N U F I P A R
```

IDEA	WILL	USEFULNESS
INDUSTRY	DESIGN	DETERMINATION
MINDSET	RESOLVE	AVAILED
WILL	THING	APPARENT
CONCEPT	PROPOSE	CEREMONIAL
INTEREST	PERSEVERE	ORDINARY
OBJECTIVE	INTEREST	TROLLS
FUNCTION	UTILITY	BADMOUTH
THEORY	SAKE	DUETS
NEEDS	INDUSTRY	NAMES
VIEWS	GOAL	

Message:_____

Solution on page 144

21

```
S A N E L E M E N T R E E N A
L E A L F I R U C I C E I N L
A D T I S O F E T N N A E A W
C H U A O W L E E A R A B L W
I K R S E F A T T R T O I T O
T S A N E R S G E I L I W N R
U U L R T I C T N G M S O E L
A B L H X E H E A I E E G N D
N S A E N N T L L L S I R I L
O O N H E D A R P R O R O T Y
S I I E A X S I E N T O U N F
R L G T Y T T V O C H E P O W
E O I R A L I L P D A W A C C
P N R T U N N E L L K L S O U
G T O M U E C N E I R E P X E
```

NATION	CONTINENT	DATING
GLOBAL	EXISTENCE	EXPERIENCE
LIFETIME	GROUP	ORIGINAL
PLANET	PEOPLE	NAUTICAL
WORLDLY	PLACE	MUTATION
FRIEND	ELEMENT	REFLECT
UNIVERSE	SUBSOIL	COURSING
REGION	TERRAIN	MULTIPLES
GALAXY	CREATES	NATURAL
PERSON	TUNNEL	EARTH

Message:_____

Solution on page 144

22

```
S N L O S V S E L U D E H C S
E E G I T M W S Y D A E T S S
A M T U T R O S N O C G N U A
M E S A E E O O P E R I O D S
E L Y T I S N C C H A V M N T
D T R E T C T G S H Z W A O O
A N T C A B O S A E E A N I N
Y E P L L R H S D G A D S N R
T G Y I A C S N S K E E W A A
I A N N T H E E D A I R E P D
M D B I I R I O D T N U R M N
E A W N T D T L U H E O E O E
W E D I A E I A L L V N D C L
B I W L T N E M T N I O P P A
G N I G E B I M L I G H T N C
```

ASSOCIATES   WEEK   APPOINTMENT
CALENDAR   BLIND   SCHEDULE
DEADLINE   PERIODS   CONSORT
STEADY   GIVEN   SMOOCHED
BEGIN   LIGHT   DAYTIME
MEETING   ADAGE   BEWITCH
SWOON   RENDEZVOUS   GENTLEMEN
TRYST   ESCORT   LADIES
MONTH   COMPANION   HONOURED
ENGAGE   YEAR   GUESTS
SHINDIG   BEAUTIES   ANSWERED

Message:_____

Solution on page 144

23

```
N F E F O Y L E R E C N I S H
E O R Z R R E A C T I O N S O
Z R D E I L G I V H E N S N N
I G F R J H I E S A E S P O E
G E D O A O T K O N E E I I S
O T N S R P I A E K N T R S T
L V O O T G C C P A O H A S Y
O I A N I G I E E M B T L I H
P R D E P T A V E S Y L L M T
A T I S S A P S E R T S E B J
B U V U T T I M T D U O D U E
S E I O R E H R E P U S D S E
C O N F E S S N P D L G A R G
E E E T H E F L E D E C N O C
U T S U R E Y K O O L R E V O
```

SYMPATHIZE	CONCEDE	LIKEABLE
OVERLOOK	TRESPASS	VIRTUE
THANK	SUPERHERO	FORGIVE
DIVINES	SINCERELY	REACTIONS
REDEMPTION	ATONE	SPIRALLED
CONFESS	FORGET	SUBMISSION
REJOICE	PARDON	SUPPLY
APOLOGIZE	HONESTY	CHEERS
EMOTION	JUDGE	

Message:_____

Solution on page 144

24

```
B E T U B I R T N O C S E N D
A E Q N U I A C M I A L C C A
K R N M E T I E G R A M M A R
X A W E T L S E G A S S E M C
T F O R F O E R R T G Z D P H
E L T C M I A R N N I E A A A
I E E Y N N T E I N N D L I R
R W M T T N M K A G H E A G I
E M O H U I N G I V I N G N T
S C H O L A R S H I P O P W Y
O I M P B O R O M P M U O R T
U A M O V E M E N T T P A N T
R O T H D A D E R O S N O P S
C E Y N E A R T N E D U T S E
E T U T I T S N I C L A U S E
```

BENEFIT	TEAM	SCHOLARSHIP
DONOR	RELENT	GRANT
BANKING	HOMETOWN	STUDENT
GIVING	CLAUSE	RESOURCE
CAMPAIGN	SPONSORED	CONTRIBUTE
RAISE	WELFARE	INSTITUTE
INPUT	MERCY	COMPLIMENTS
UNDERSIGNED	ORGANIZE	ACCLAIM
CHARITY	MESSAGE	IMPOSE
MOVEMENT	GALA	AMOUNT
GRAMMAR		

Message:_____

Solution on page 144

Cryptograms

Solve cryptograms by determining the cipher used to encrypt the text. For example, if the alphabet is put in order from 1-26, the word AND becomes 1-14-4. Each cryptogram has a different cypher (the last one in each category is a letter cypher), and each will reveal a different message from the universe.

25 - numbers

A	B	C	D	E	F	G	H	I	J	K	L	M
N	O	P	Q	R	S	T	U	V	W	X	Y	Z

16 26 4   11   10 6 6 22 12 21

2 21 26 2 8 21   10 1 26 22 4 16

24 26 22   10 1 21   19 26 1 11 14 24

26 7   24 26 22 1   11 1 22 6 11

Hints on page 142. Solutions on page 151

26 - numbers

A	B	C	D	E	F	G	H	I	J	K	L	M
N	O	P	Q	R	S	T	U	V	W	X	Y	Z

11 20 5 25 20 16 25   23 11   26 15 20 3 6

6 20   4 1 26 16 8 25   1 23 11   20 7

1 25 7   5 23 16 24   26 15 20 3 6   26 16

23 5 22 20 7 6 26 16 6   24 25 4 23 11 23 20 16

27 - letters

A	B	C	D	E	F	G	H	I	J	K	L	M
N	O	P	Q	R	S	T	U	V	W	X	Y	Z

T   I D Q   O W R D I H N L R B

C W   W D U T F R C I N L R B

R N   Z M N F   T W C M I H

F L D   A C W I D W .

Hints on page 142. Solutions on page 151

Letter Tiles
Figure out the correct order for the tiles. When unscrambled, they reveal a message from the Universe.

28

WI	YO	U T	S O	GHT
OLD	SO	L L	WA	I S
ON.	AN	VER	N V	E U
	SUE	ERY	GAI	
	HOU	COM	P A	

Hints on page 142. Solutions on page 151

29

S N	O B	URT	OU	R Y
T T	URN	ER	ON.	E G
T H	OU	OOD	LAT	FO
OW	L T	WHA	WIL	

30

AN	EAL	WI	L L	OR
REV	SOM	E K	HE	TH
S M	SHE	EON	ORE	NOW

Hints on page 142. Solutions on page 151

Career

Word Searches

31

```
R T E C I T C A R P H R O A Y
W U Y O U R H E A D W A Y S A
P E O E T A I T I N I R S S L
R L Z B E V O C A T I O N E P
O T L I A E F D T I O T N R D
F T T H L L V E W R O L O T E
E U N V E A S H A I N S I I N
S C E D C Y M O I P E U S O I
S S M N W D T R I S L L S N A
I K E R E I F T O U T R I S R
O A T C N C A P L N E O M A T
N E A D C T R I T I U S R U P
N R T G T U C H F L I N G Y E
P T S A P M S G N I N R A E C
E S A H C K T E C H N I C A L
```

SCUTTLE	STATEMENT	HEADWAY
PLAY	PRACTICE	TECHNICAL
SUCCESS	PROSE	ADVANCE
TRAVEL	MISSION	CRAFT
CHASE	ASSERTIONS	TRAINED
STREAK	SPIRIT	HISTORY
PROFESSION	NORMALIZE	INITIATE
PURPOSES	DICTUM	FLING
EARNINGS	LABOUR	VOCATION

Message:_____

Solution on page 145

32

```
T P E C R U O S E R D Y H E T
H E I N O E P R O J E C T G C
E R S M T M I H E T P N H A O
T C E L E X P R A V L E I L M
D E I E C S I L R T O I N A P
N I K T U E S Y A A Y C K N I
E V N T O N O A U I C I S G L
H E I E A N D E G A N F R I E
E Y H R E F C E N E O O T S D
R R T A E N X N R D S R O A M
P T H I E P E U Y S A P D R E
M C R D L O G N N E T A C T E
O B I A D I T O Y O P A G E D
C V I U F R B P U T R P N O S
E N O S R E P A E R R A N D E
```

UNDERSTAND	ABILITY	PROFICIENCY
THINK	COMPLAIN	NOTICE
PERSON	TRANSLATE	ERRAND
DISCOVER	EXPLAIN	LETTER
FIGURE	PERCEIVE	BRIEF
COMPREHEND	THINK	CARRIER
PROJECT	ADAPT	PAGED
MESSAGES	DEPLOY	SIGNAL
RESOURCE	EVIDENCE	COMPILE

Message:_____

Solution on page 145

33

```
N B A T N O R L S E R V I C E
I H U D E S O P R U P I H S S
M U C S E E O Y O U T O H O F
D U U N I G M H T S R E W U O
A N B B E N A S O E T V N E R
R O I E S B E G R A H C W E M
L I C N U O C S D T T I G L U
L T L E E C C N S I O E N A L
C A E F M C A I O L N E G S A
O U U I P M I N A C K E I E E
M T A T G A I V Y B N S S L L
P I S T U D I O D T L N E U B
A S T H I R S W U A E E D D A
N B O J R E K P O S I T I O N
Y S T A F F L A R E N E G M E
```

ADMIN	FUNCTION	GENERAL
DESK	JOB	BENCH
SERVICE	MANDATE	ARRIVAL
CHARGE	PURPOSE	AGENT
POSITION	SOCIABLE	STUDIO
CUBICLE	MEET	FORMULA
STAFF	BENEFIT	CHORE
DESIGN	COMPANY	ROOM
ADVICE	BUSINESS	MODULES
COUNCIL	SEAT	ENABLE
DUO	REGENCY	SITUATION

Message:_____

Solution on page 145

34

```
H B Y I F H G C S U P P L Y M
T O N C S I H E E Y S A I S C
L O T A N A N N F B U Y E R S
A M C S N E U A U I G M N R G
E E T G E T R S N O A E Y E G
W X E O R R A R D C R N L S N
U P C O I V E T U N E T A O I
T E F H I T I T Y C S T T U D
D N H N A F B T N P T E I R N
E S G V E N R E A I E E P C E
M E R N W E G Y D Y S N A E P
A E E O P A D E R F S E C U S
N B R O T A R N D N A P X E U
D T R R Y C E O G N I K C A B
H P E S R U P M B U D G E T T
```

CREDIT	ASSETS	DEMAND
FINANCE	CAPITAL	EXPENSE
SPENDING	SUGAR	BENEFIT
PAYMENT	PURSE	MONEY
WEALTH	PAYDAY	CHANGE
FORTUNE	EXCHANGE	BUDGET
INTEREST	FUND	PROPERTY
WORTH	RESOURCE	BACKING
CURRENCY	DEBT	BUYERS
SAVING	SUPPLY	EXPAND
CASH	TAXES	

Message:_____

Solution on page 145

```
E  L  C  A  R  I  M  Y  R  A  E  Y  O  U  S
W  X  I  H  L  L  N  B  E  S  T  P  H  W  U
R  D  P  R  E  V  I  E  W  I  R  P  I  I  C
G  E  O  E  T  E  L  O  L  O  M  N  M  N  C
R  N  Q  S  R  S  R  I  G  U  G  S  P  N  E
O  R  E  U  T  I  B  R  I  E  R  E  A  I  S
W  E  L  L  E  A  E  R  R  L  E  K  C  N  S
T  C  O  T  D  S  T  N  A  A  A  I  T  G  O
H  N  Y  S  S  V  T  N  C  O  T  R  D  L  L
E  O  A  T  T  A  I  N  M  E  N  T  O  A  U
R  C  A  W  N  F  H  C  A  T  E  S  M  V  T
U  D  V  R  E  E  T  A  T  I  G  A  R  I  I
C  O  I  S  E  O  L  N  Y  O  R  O  U  R  O
E  O  R  M  S  E  G  A  C  D  R  I  B  R  N
S  G  S  T  E  G  R  A  T  I  N  Y  D  A  S
```

PROGRESS	CONCERNED	GREAT
RESULT	SOLUTIONS	CHEER
ATTAINMENT	STRIKES	DRAMA
CAREER	ABILITY	IMPACT
WELL	BEST	FINAL
WINNING	TRIUMPH	SECURE
VICTORY	SWINGER	TARGETS
GOOD	GROWTH	REQUEST
EXPERIENCE	MIRACLE	AGITATE
SUCCESS	ARRIVAL	YEAR
TALENT	PREVIEW	BIRDCAGES

Message:_____

Solution on page 145

36

```
T  G  P  S  I  R  D  E  R  E  W  S  N  A  V
L  V  E  H  E  E  E  E  O  R  D  E  R  O  J
U  P  N  A  E  T  O  K  C  U  L  P  T  P  U
A  L  A  K  E  E  I  N  C  I  O  E  U  G  D
F  H  L  E  L  E  C  T  G  I  S  U  B  D  G
E  S  T  R  I  D  N  A  E  N  P  I  C  E  M
D  Y  Y  S  E  O  T  O  O  P  A  M  O  E  E
C  A  A  L  I  O  U  R  I  S  P  K  E  N  N
O  W  T  T  P  T  H  E  E  T  D  A  E  C  T
M  L  C  T  C  P  I  D  N  O  S  A  E  R  S
M  A  I  O  S  I  U  I  O  N  S  E  Y  O  R
A  O  M  U  W  T  A  S  T  E  A  N  U  T  E
N  E  Y  T  I  C  A  P  O  T  H  E  M  Q  V
D  T  O  M  A  C  H  O  O  S  I  N  G  K  O
E  A  W  A  R  D  H  C  A  O  R  P  P  A  M
```

DECISION	PLUCK	CONSIDER
OPTION	AWARD	VOTES
DEFAULT	JUDGMENT	ALWAYS
BIAS	ORDER	OUTCOME
QUESTION	COMMAND	APPETITES
MOVERS	NEED	ELECT
SHAKERS	SUPPLY	PENALTY
TASTE	ACTION	PICKER
REASON	APPROACH	OPACITY
CHOOSING	ANSWERED	

Message:_____

Solution on page 145

37

```
T  L  A  K  N  E  A  C  C  O  M  M  A  N  D
N  A  O  U  O  T  O  S  I  N  D  E  P  E  E
R  U  S  P  S  U  E  C  O  T  I  V  E  S  O
N  N  A  I  R  A  T  I  N  A  M  U  H  T  Y
S  C  O  A  E  F  T  S  E  C  N  A  L  A  B
T  H  G  U  P  O  T  P  T  R  R  W  O  B  R
U  E  L  R  M  R  E  K  M  I  L  I  F  L  E
D  B  I  E  O  C  O  T  N  E  N  A  E  I  L
Y  A  F  K  A  E  D  G  A  N  T  G  C  S  N
T  E  E  C  S  P  O  A  R  D  R  T  N  H  R
D  R  W  I  T  S  I  S  S  A  N  C  A  M  U
O  N  O  L  A  H  N  N  H  S  M  A  I  E  T
D  E  R  F  E  A  G  C  G  R  C  H  M  N  E
A  N  K  G  F  R  S  E  F  L  I  G  H  T  R
S  T  A  S  K  E  N  O  I  T  A  R  E  P  O
```

EFFORT	CHARGE	HUMANITARIAN
PROGRAM	FLIGHT	PERSON
RETURN	FORCE	LIFEWORK
COMMAND	MOTION	ESTABLISHMENT
SHARING	STING	COURAGE
ASSIST	DOINGS	TASK
STUDY	FLICKER	LAUNCH
STROKE	ATTEMPT	OPERATION
FEATS	BALANCE	LEAPING
MANDATE	SHARE	

Message:_____

Solution on page 145

38

```
E G R A H C T E M M P O E T N
N R A N E C E S S I T Y V E O
O I R Y C I G T R C N U L N I
I N M E R S T N E A N D O A T
T D T C C E D K I R E S S C A
C U D R O N T E N D M N E I T
N S O U O T E F T I N I R T S
U T I L I T Y T A A H A N Y T
F R E B S Q E E S U I T T E H
A Y L L P E R R R I M L A S E
N E A V T U N T D E S I G N O
R O I N T E N T I O N R E A R
G E E U N O I S A C C O E L Y
W V F E G D E L W O N K I P T
E S D E E N Y S E S O P R U P
```

PERSISTENCE	AIM	BLUR
NECESSITY	KNOWLEDGE	RETORT
THEORY	INDUSTRY	DETAIL
NEEDS	STANDING	OCCASION
FUNCTION	FUTURE	EVENT
END	DESIGN	CHARGE
INTENTION	MIND	STATION
DETERMINE	PURPOSES	AFTER
UTILITY	TENACITY	VIEW
GOALS	THINK	RESOLVE

Message: _____

Solution on page 145

39

```
T  K  S  T  C  E  P  S  E  R  I  G  H  T  S
E  E  N  U  O  W  T  D  R  E  C  I  F  F  O
K  T  B  C  C  H  O  E  R  D  E  C  R  E  E
R  A  U  I  B  C  L  E  S  R  S  W  A  F  M
A  L  E  H  R  T  E  L  L  O  A  E  L  O  E
M  L  R  C  A  C  L  S  E  L  C  D  U  R  H
A  O  E  R  N  S  S  T  S  O  T  I  G  M  C
P  C  D  A  C  Y  A  E  O  I  R  C  E  A  S
P  U  I  R  H  T  G  E  R  E  O  T  R  T  K
O  C  C  E  C  N  C  O  T  P  X  N  A  A  Y
I  N  E  I  A  A  B  L  V  P  R  T  E  A  K
N  T  D  H  L  H  I  E  M  E  U  E  E  F  F
T  E  R  P  S  K  A  E  P  S  R  O  C  N  T
I  A  E  T  A  D  N  A  M  V  E  N  R  L  D
C  O  M  M  A  N  D  S  Y  C  H  A  R  G  E
```

APPOINT	RESPECT	SKY
SOCIETY	ACT	COLLATE
HIERARCHIC	FORMAT	DECREE
STATUS	CHARGE	SPEAKS
ORDER	EXTEND	CODE
SUCCESSION	OFFICER	GOVERN
ARRANGE	SCHEME	REGULAR
EDICT	PRESCRIBE	TELL
DICTATE	COMMANDS	GROUP
MARKET	PLACE	DECIDER
BRANCH	MANDATE	KILTER
RIGHTS		

Message:_____

Solution on page 145

40

```
R E T L A A Y T U P E D S B L
O E C E T A U T C A R K U E D
A P X A T R E G N A D O R H P
T F R E C H A N G E S M P O V
I P F D C C A U S E T O R E E
S G M E B U R E H T I D I U L
T E S O C O T C A P M I S I A
R K T D R T D O A N U F E D P
O I R A C P B R R E L Y N N S
U R E O V R D N A S A E N I E
B T A T U I H E U G T B E A S
L S M T V E T P S E E T K R H
E R S E O U S O R T E R O T I
T I R S S E R P M I O T T S F
D T A K T E S N R E C N O C T
```

TROUBLE	MOTIVATE	ACTUATE
REGARD	PROMPT	STRAIN
AFFECT	ALTER	MODIFY
PRETEND	IMPACT	UPSET
SURPRISE	CONCERNS	DANGER
IMPRESS	LAPSE	DIVERT
DISTURB	PROPEL	STREAM
TOUCH	STRIKE	DITHER
STIMULATE	SHIFT	EXECUTORS
CAUSE	CHANGE	DEPUTY
TOKEN	RUBE	

Message:_____

Solution on page 145

41

```
Y  O  U  E  L  U  D  E  H  C  S  R  A  C  U
D  E  S  I  G  N  R  R  E  N  Y  D  T  S  I
T  U  Y  T  P  T  F  I  R  D  N  S  A  T  I
O  N  S  I  R  S  J  U  A  E  E  T  S  N  T
O  N  T  E  O  A  K  E  G  I  T  N  O  M  S
E  E  E  L  P  E  T  A  R  H  S  I  U  I  R
P  M  M  M  O  S  I  E  I  E  T  R  T  A  E
R  N  E  C  S  D  S  N  G  N  U  P  L  P  E
O  T  O  H  E  T  K  F  E  Y  D  E  I  R  N
J  A  M  A  C  U  U  T  C  M  I  U  N  O  I
E  H  L  R  A  S  N  O  R  A  O  L  E  G  G
C  O  N  T  R  I  V  E  Y  P  U  B  O  R  N
T  E  V  I  T  N  E  T  T  A  S  A  G  A  E
S  T  E  G  D  U  B  E  R  P  L  L  L  M  A
S  U  O  I  C  S  N  O  C  S  N  P  L  O  T
```

INTENTION	LAYOUT	SYSTEM
CHART	CONTRIVE	AIM
STRATEGY	ENGINEERS	CONSCIOUS
BLUEPRINT	AGENDA	STEADY
PROGRAM	PLOT	ATTENTIVE
SCHEME	DESIGN	DRIFT
PLAN	MAP	SERIES
GOALS	SCHEDULE	STUDIOUS
PROPOSE	PROJECT	THINK
BUDGETS	OUTLINE	IDEA
KEG		

Message:_____

Solution on page 145

42

```
N  O  I  T  I  S  O  P  M  O  C  O  P  N  S
C  N  E  Y  O  T  A  U  R  E  A  F  I  L  N
E  O  I  F  R  A  G  M  E  N  T  E  E  Z  I
L  I  E  M  Y  E  O  U  P  E  A  A  C  R  P
C  T  E  A  Y  P  O  U  L  L  S  T  E  P  P
I  A  N  T  R  E  M  Y  O  S  E  U  O  A  E
T  E  W  E  I  R  T  E  E  N  B  R  T  P  T
R  R  S  R  M  S  I  M  T  G  T  E  N  E  G
A  C  T  I  A  E  B  E  S  I  T  O  E  R  E
B  S  U  A  G  L  G  T  O  A  E  C  M  L  R
S  E  D  L  E  H  N  N  O  M  T  T  U  H  U
P  I  Y  N  G  C  T  A  A  R  N  H  C  O  T
E  L  P  M  A  X  E  R  A  R  K  R  O  W  C
L  S  L  I  C  E  F  P  L  D  R  Y  D  O  I
L  U  B  A  N  O  I  T  C  E  S  A  C  K  P
```

ARRANGEMENT	SIGHT	CREATION
MATERIAL	SECTION	PICTURE
ARTICLE	SNIPPET	STUDY
FEATURE	ITEM	PIECE
STYLE	PAPER	SPELL
PORTION	FRAME	IMAGE
SLICE	TRAP	REPEAT
COMPOSITION	EXAMPLE	FRAGMENT
DOCUMENT	WORK	ASSEMBLE
SAMPLE		

Message:_____

Solution on page 145

43

```
G L A C I A L I E L P M A X E
Y O Y U A I N S T A N C E S R
E R U T U F D O W N T U R N U
S R E S I P K A E R B B U E S
U T U N E N R C E K R E N C A
M N I R F U R O K A S G E N E
R T I N O M O E E W E I T E M
Y O S V O B P Y T I T N A U Q
D L A E E E R T T E U N S Q H
A S C O R R E C T I N I T E I
W S M E P A S T P A I N N S S
D S P L S B E E E F M G E O T
L R A A E D N O C E S T M A O
E C K I C N T I M E G A O C R
E R A D N E L A C T I O M N Y
```

BEGINNING   BREAK   PLACE
PRESENT   CORRECT   INSTANCE
QUANTITY   MEASURE   MOMENTS
FUTURE   TENURE   SPACE
INFINITY   SAVOUR   MINUTES
TIME   NUMBER   SECOND
ETERNITY   PAST   WEEK
YEAR   HISTORY   DAWDLE
SEQUENCES   PERIOD   GLACIAL
UNIVERSE   CALENDAR   DOWNTURN
EXAMPLE   MUSE

Message:_____

Solution on page 146

44

```
A  E  N  A  M  S  S  E  C  C  U  S  S  R  A
A  C  Z  G  C  U  N  N  I  N  G  P  T  E  B
I  I  N  O  R  G  C  A  R  R  E  R  R  E  I
E  V  R  E  V  E  I  H  C  A  E  O  A  R  L
R  E  R  B  I  L  A  C  O  T  E  S  P  A  I
S  D  S  E  K  I  R  T  S  T  P  P  U  C  T
D  E  V  E  L  O  P  E  I  R  P  E  T  L  Y
O  N  R  T  U  Y  U  B  N  I  K  R  A  M  T
B  A  N  G  I  Q  R  E  T  C  C  I  L  S  R
W  T  Y  I  N  S  S  O  M  K  U  T  E  E  Y
O  U  B  O  J  U  M  S  T  I  L  Y  N  H  O
R  R  C  E  C  N  A  H  C  C  T  N  T  S  U
K  A  T  A  S  R  S  O  U  N  I  D  Y  A  T
T  L  H  E  C  T  H  O  R  W  N  V  E  L  S
E  F  F  O  R  T  R  I  U  M  P  H  R  C  F
```

RESULT	SMASH	ABILITY
TRIUMPH	BITE	LUCK
CONQUEST	WORK	SUCCESS
ACHIEVE	FLY	CAREER
NATURAL	PARTS	EFFORT
GREAT	TRYOUTS	TALENT
BANG	DEVELOP	CALIBRE
SCORES	WINNER	DEVICE
PROSPERITY	BEST	TRICK
CHANCE	TIME	CUNNING
STRIKES	MARK	CLASHES
VICTORY		

Message:_____

Solution on page 146

45

```
C O Y M A E R D N F Y E E R I
D E C N Q T N O I T A S N E S
L Y E P U M S A I K E I V P D
S E H A E F C L I S I M I E O
N U P S S N A S A Y T O S E H
O M O S T E A V N E T R A L N
I A R I R A F I O D D P G S O
T G P O C E T A E R N I E L I
A I I N G S S C N N A I S W T
N C I T E E N O I T I B M A P
I A H D F E Z O L N A Y L O E
G L U R L A W O C V T S I E C
A S P I R A T I O N E E Y L N
M D S E S T D E R N U S N E I
I N O I T C E R I D S A M T S
```

UNCONSCIOUS	FANTASY	IDEALS
SENSATION	ENVISAGES	FAVORABLE
PROPHECY	FATE	DIRECTION
REALITY	INCEPTION	INTENT
SLEEPER	PASSION	RESOLVES
IMAGINATION	SNOOZE	PROMISE
AMBITION	MAGICAL	SILENCE
QUEST	DREAM	DESTINY
ASPIRATION	MIND	

Message:_____

Solution on page 146

46

```
E S O P M O C P R O G R A M S
K N O S I S P O N Y S E B W I
S R B L U E P R I N T T S E H
W R O E C T P W I A F F T Z A
M E E W T I O R R O A O R I U
N C I S E R F T O T R R A R T
O O O V D M S I P F D M C A H
I M U A R U A S C R I U T M O
T M N T L E L R E E A L S M R
I E L L I V C F H P A E U S
N N I Y A I T O Z C C S I S N
I D G T A I N N E T O N Y E K
F D E S F U S E S E T A U R T
E D D Y O I B A C K P E D A L
D N O I T P I R C S E D N G L
```

DESCRIPTION   SKETCH   COMPOSE
PROFILE   DEFINITION   BACKPEDAL
SUMMARIZE   SPECIFIC   LAUNCHES
PROGRAMS   RECOMMEND   RECTIFY
AUTHORS   FRAMEWORK   FUSES
ILLUSTRATE   SYNOPSIS   KEYNOTE
BLUEPRINT   FORMULA   ABSTRACTS
OUTLINE   DRAFT   DETAIL
OVERVIEW   WORD

Message:_____

Solution on page 146

47

```
T  A  T  Y  H  E  N  D  H  S  E  R  F  E  R
C  S  E  F  X  S  W  I  T  C  H  T  O  R  P
E  S  R  I  P  O  E  V  C  O  R  T  U  E  N
F  I  O  D  I  V  T  E  E  N  O  I  T  O  M
F  M  L  O  O  Y  Y  R  R  V  O  U  N  R  S
A  I  I  M  A  T  N  S  R  E  Y  O  O  I  E
Y  L  A  E  L  S  R  I  O  R  I  T  I  E  C
T  A  T  U  E  O  U  F  C  T  W  C  T  N  N
I  T  S  E  L  S  T  Y  I  L  R  E  A  T  E
B  E  E  S  R  U  A  S  E  L  T  F  I  E  R
R  I  N  A  L  A  N  E  U  G  C  F  R  M  E
E  F  L  U  X  A  T  R  R  A  N  E  A  P  F
A  T  I  V  R  E  C  I  O  C  N  A  V  E  F
K  T  E  T  A  R  E  D  O  M  N  R  H  R  I
A  M  U  T  A  T  I  O  N  N  C  I  T  C  D
```

TRANSITION	DIFFERENCE	TURN
DIVERSIFY	INCREASE	REORIENT
EFFECT	MOTION	TAILOR
SWITCH	REFRESH	TEMPER
VARIATION	BREAK	CORRECT
MUTATION	CHANGE	MODERATE
CONVERT	AFFECT	ASSIMILATE
RESULT	MOVE	ALTERATION
MODIFY	FLUX	

Message:_____

Solution on page 146

48

```
S E T T L E E Z I R O H T U A
B E E T A T C I D W S A C R E
O R G A N I S E B I Y A O Y D
I E E S R E V O L R N S M F F
L G O V E R N B A U E T M I N
E U E C E S A S C S E C A L P
B L C A R T S A O N D I N A W
I A I O S E L U N C L D D U E
R T T E C I H O T V I E S Q T
C E O E G S E T R A S E A I A
S N N N I N S H O D T E T E R
E U N U S U A L L O E S T Y E
R E Q U E S T R S P M R E C D
P S L M E A S U R E O S N T O
H N O I S I C E D A I N D G M
```

NECESSARY   CONTROLS   QUALIFY
REGULATE   NOTICE   ATTEND
DICTATE   ORDER   ORGANISE
EDICTS   DECISION   SETTLE
ARRANGE   COMMANDS   OVERSEE
SOCIETY   STATUS   SQUISH
ESTABLISH   ALIGN   UNUSUAL
REQUEST   MODERATE   PRESCRIBE
PLACES   AUTHORIZE   MEASURE
GOVERN   SMOOTHER

Message:_____

Solution on page 146

49

```
A  I  V  O  M  E  C  N  A  N  I  M  O  D  F
D  E  N  I  M  R  E  T  E  D  I  M  D  T  O
H  E  T  F  E  O  A  M  P  H  P  O  W  E  R
T  A  T  P  L  I  N  H  O  T  R  T  I  N  C
N  E  T  S  E  U  O  E  C  G  E  I  M  T  E
S  I  T  H  N  R  E  P  Y  N  V  V  P  I  E
R  M  N  A  D  O  S  N  A  E  A  A  R  C  T
E  P  S  P  L  U  I  U  T  R  I  T  I  E  C
G  O  R  E  E  U  T  T  A  T  L  E  N  P  E
U  R  R  I  M  H  P  S  A  S  E  D  T  C  F
L  T  K  R  O  W  I  I  N  T  I  C  O  I  F
A  A  M  R  C  E  O  N  N  F  P  O  R  T  A
T  N  I  I  N  V  O  L  O  A  U  M  N  C  S
E  T  G  O  I  M  P  A  C  T  M  O  E  A  D
Y  E  C  N  E  S  E  R  P  S  W  A  Y  T  S
```

PERSUASION	STRENGTH	FORCE
DETERMINED	TEMPTATION	MONEY
AUTHORITY	REGULATE	WORK
ENTICE	POWER	SWAY
AFFECT	IMPORTANT	MOTIVATED
MANIPULATE	IMPACT	CHARM
PRESENCE	INFLUENT	TACTIC
INCOME	DOMINANCE	PREVAIL
SHAPE	IMPRINT	

Message:_____

Solution on page 146

50

```
C E R E M O N I A L S I T I O
T S E R E T N I S L T D S D R
H O I L H K M E S I T S E U D
I P A U O T A D E W E T F E I
N O T D T I U S N N E E T T N
G R P E H I E O L R P I U S A
E P E S S I L U M I R P V E R
R A C I O D F I N D U S T R Y
E P N G S E N D T E A R H E E
V P O N S A U I E Y O B E T V
E A C U T S O S M L F T O N L
S R H I T I E S L R I E R I O
R E O R L M A S T I O A Y N S
E N Y S A O B J E C T I V E E
P T H N O I T C N U F I P A R
```

CONTEND	MANAGE	FIRST
RIVALRY	OFFENSE	ACCOMPLISHMENT
LETTER	CLINCH	CHAMPIONSHIP
PREVAIL	CONQUER	ACHIEVEMENT
SCORE	VICTORY	STARTS
SUCCEED	TROUNCE	ESTEEMED
ARRIVAL	CHANCE	COMPETITION
COMPETE	LAUGH	FEAT
WINNERS	COMEDY	DEFENSE
GAIN	MASTERY	

Message:_____

Solution on page 146

51

```
B T E F A C I L I T Y P S R E
E C N Y G O L O C E P E N A G
R E E E O P R O O F T D O L D
T L O T M F O E E A X P I C U
R L L R A H F I C N A A T H J
A O L E G E S I A I B R C A C
T C G F R A N I C I F N A R O
S E E O C U N S L I E F O A M
G N T R M O P I M B A I O C M
R S C M O O T G Z R A L B T E
E U O S L Y I N N A E T S E R
A C T I V I T Y S D T E S R C
T C C L A W A R D H T I W E I
S Y M B O L L S N O I T O M A
M O D G N I K I S I B O N N L
```

ACTIVITY	TALK	CHARACTER
BENCH	ACTIONS	STORE
START	POLICY	ESTABLISHMENT
BODY	JUDGE	WITHDRAWAL
COMMUNICATE	SIGN	COMMERCIAL
OFFICIAL	OFFICE	MOTIONS
ECOLOGY	GREAT	SYMBOL
COLLECT	LIABILITY	ORGANIZATION
REFORM	FACILITY	KINGDOM
PROOF		

Message:_____

Solution on page 146

52

```
T  H  E  C  I  O  H  C  P  E  M  O  S  N  R
T  C  N  P  O  M  D  E  C  R  E  E  O  E  M
O  E  O  N  O  W  T  A  Y  P  O  I  W  T  E
O  C  I  N  O  S  A  E  R  P  N  S  C  N  D
P  N  S  L  T  E  S  G  T  I  N  E  I  E  V
D  U  U  E  N  U  P  I  P  A  J  T  A  M  H
E  O  L  E  E  R  O  O  B  E  I  L  R  E  P
C  N  C  O  M  N  E  W  R  I  E  R  I  E  P
I  N  N  S  E  R  S  S  B  Y  L  T  P  R  R
S  A  O  H  T  I  E  N  U  K  I  I  N  G  O
I  G  C  I  A  A  T  Q  H  L  C  S  T  A  C
O  E  A  A  T  Y  N  D  U  K  T  S  O  Y  E
N  N  L  O  S  C  T  D  H  E  A  U  V  E  S
A  N  L  Y  C  H  A  N  G  E  S  E  V  A  S
E  M  O  C  T  U  O  Q  U  E  S  T  I  O  N
```

STATEMENT	CHOICE	POSSIBILITY
PROCESS	STEP	CONCLUSION
OPTION	DECISION	DECREE
ACTION	OPINION	PICK
ISSUE	OUTCOME	CASH
REQUEST	REASON	SAVE
ANSWER	CALL	STAND
CHANGE	DEAL	RESULT
AGREEMENT	ANNOUNCE	REJECT
QUESTION		

Message:_____

Solution on page 146

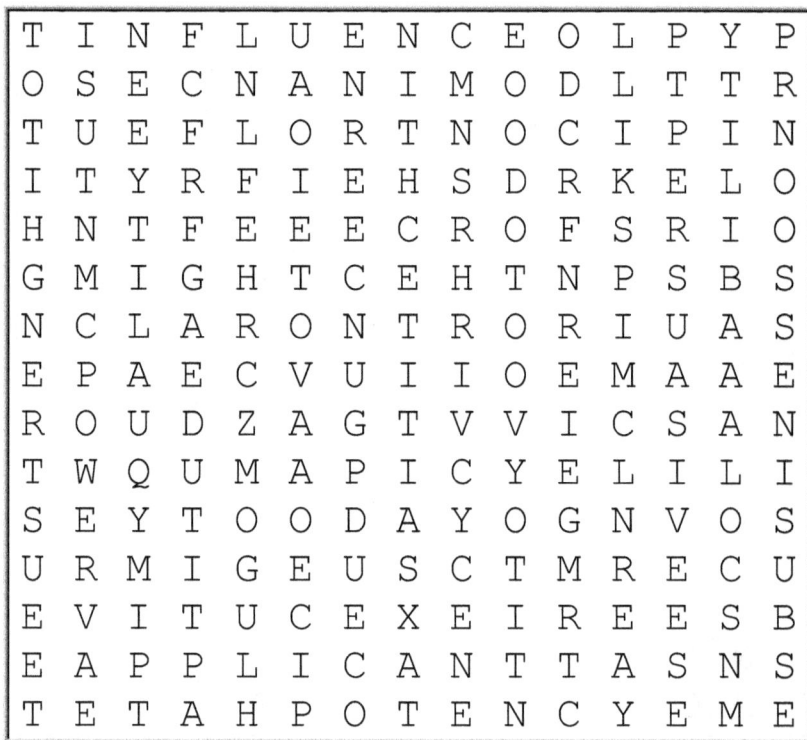

```
T I N F L U E N C E O L P Y P
O S E C N A N I M O D L T T R
T U E F L O R T N O C I P I N
I T Y R F I E H S D R K E L O
H N T F E E E C R O F S R I O
G M I G H T C E H T N P S B S
N C L A R O N T R O R I U A S
E P A E C V U I I O E M A A E
R O U D Z A G T V V I C S A N
T W Q U M A P I C Y E L I L I
S E Y T O O D A Y O G N V O S
U R M I G E U S C T M R E C U
E V I T U C E X E I R E E S B
E A P P L I C A N T T A S N S
T E T A H P O T E N C Y E M E
```

DAZE
AUTHORITY
QUALITY
FORCE
EXECUTIVE
CAPACITY
SKILL
OFFICE
MOGUL
INTEREST

PERSUASIVE
STRENGTH
POTENCY
ABILITY
TECH
MIGHT
INFLUENCE
APTITUDE
ENERGY

OUTCOMES
CONTROL
EFFECTIVENESS
POWER
BUSINESS
APPLICANT
OPTIONS
DOMINANCE
PROVIDE

Message:_____

Solution on page 146

54

```
Y O U N O I T N E V N I C R W
G N I Z A M A E C I F F O I L
D L L S A E L T T A B I N T M
O R L I O D N E N X R T C N Y
S P E E L E V T R R I N O A S
T U E A P L A A A N C E C I T
R Y I E M S U W N N D M T L I
I R E N T I F S O C E T I L C
C D A I E T N I I B E N O I N
K R C E U G T G T O Y A N R O
O A U R W P A I L L N H L B I
E Z A A E M R O M U H C U O T
R I T C E F R E P N A N L O O
T W E Y D U T S O R C E R Y N
F D C H A R M I N G R O M I T
```

ENCHANTMENT	CHARMING	NOTION
MYSTIC	PERFECT	OFFICE
FANTASTIC	MAGIC	CARE
SORCERY	WARRIOR	STUDY
GENIUS	SPELL	HUMOR
DECEPTION	WIZARDRY	AMAZING
ILLUSION	INVENTION	BRILLIANT
BATTLE	CONCOCTION	ADVANCE
TOUCH	DREAMING	TRICK

Message:_____

Solution on page 146

Cryptograms
55 - numbers

A	B	C	D	E	F	G	H	I	J	K	L	M
N	O	P	Q	R	S	T	U	V	W	X	Y	Z

24 11   1 11 7 20 8 6 2 7 9 19 21

8 7   9 13 2

6 8 15 2 1 9 8 11 7   11 20

21 11 23 15   6 15 2 14 26 3 .

56 - numbers

A	B	C	D	E	F	G	H	I	J	K	L	M
N	O	P	Q	R	S	T	U	V	W	X	Y	Z

21 19 18 11 19 20   1 3 11   3 21 8

19 20 13 20 16   23 21 17 20   21

23 5 8 26 21 22 20   3 21 8   19 20 13 20 16

26 16 5 20 17   21 19 18 26 3 5 19 12   19 20 1

Hints on page 144. Solutions on page 154

57 - letters

A	B	C	D	E	F	G	H	I	J	K	L	M
N	O	P	Q	R	S	T	U	V	W	X	Y	Z

```
  __ __    __ __ __  '  __ __
  X  L     A  O  W      I  G

__ __ __ __ __ __   __    __ __ __ __
O  L  L  G  I  G  N   M    C  G  M  P

__ __   __   __ __ __ __ __ __   __ __ __ __  '
O  D    M    I  O  R  E  G  P    C  B  X  V

__ __ __  '  __    __ __ __   __ __ __ __
N  O  D      P    M  C  E    T  B  M  P

__ __ __ __  !  __ __ __ __   __ __ __   __ __
C  G  M  P      K  W  C  P    S  G  P    O  D
```

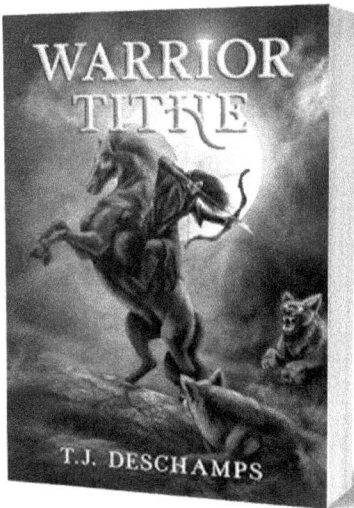

WARRIOR TITHE
by T.J. Deschamps

A kelpie escaping an unwanted marriage
A poor cottar running from certain death
A king who will stop at nothing to retrieve his bride

Available March 1st, 2021

on Amazon

https://amzn.to/3pzDiPd

Hints on page 142. Solutions on page 152

Letter Tiles

58

M _ I	N _ D	REA	N _ D	_ CA
T . _	_ CA	YOU	YOU	O _ I
I F _	T , _			

59

I F _	G G I	_ D I	N D _	YOU
L F _	TOP	I N _	A _ H	_ F I
N G .	R S E	YOU	OLE	, _ S

Hints on page 142. Solutions on page 152

60

TUR	YOU	FU	EPE	_WH
DO	NDS	ON	DAY	TO
E D	AT	THE		

61

E .	TEV	OOD	A G	BE
E ,	YOU	ON	WHA	AR
ER				

Hints on page 142. Solutions on page 152

Money and Finances

Word Searches

62

```
Y  C  N  E  R  R  U  C  S  K  C  O  T  S  A
T  M  A  F  C  K  L  P  A  Y  M  E  N  T  S
E  O  L  U  F  S  S  E  R  T  S  S  A  A  C
S  N  S  N  O  I  T  A  N  O  D  U  M  N  R
A  E  L  D  L  N  L  D  E  B  C  R  T  D  I
S  T  T  V  S  V  O  B  A  R  T  E  R  A  B
E  A  E  D  T  E  A  Y  A  S  N  T  E  R  E
T  R  F  R  I  S  D  S  E  D  S  Y  T  D  H
O  Y  O  E  F  T  G  S  N  L  G  H  E  B  S
N  I  R  Y  O  M  N  N  M  O  N  E  Y  C  A
K  G  T  A  R  E  O  N  I  G  I  E  S  R  C
N  W  U  P  P  N  I  L  L  T  V  L  C  E  O
A  N  N  X  Q  T  R  U  S  T  A  U  L  D  E
B  R  E  A  T  S  H  E  M  S  S  R  E  I  L
V  E  S  T  Y  T  I  D  O  M  M  O  C  T  M
```

INVESTMENTS	MONETARY	STANDARD
EXPENSES	COMMODITY	PROFITS
MILLIONS	PAYMENTS	FUND
SAVINGS	ASCRIBE	BARTER
SILVER	MONEY	RATING
GOLD	FORTUNE	TRUST
DONATIONS	CASH	STOCKS
PROCEEDS	CURRENCY	SURETY
BANKNOTES	TAXPAYER	STRESSFUL
CREDIT		

Message:_____

Solution on page 147

63

```
T  G  N  O  O  T  S  U  R  R  E  N  D  E  R
T  N  R  N  O  I  T  U  B  I  R  T  N  O  C
F  I  E  N  E  M  H  A  S  Y  W  E  S  O  T
I  K  W  M  E  B  V  E  R  O  N  E  N  N  S
G  I  O  R  T  U  B  E  T  R  U  C  P  O  E
O  L  P  T  F  S  V  S  I  L  O  E  R  I  U
F  E  M  A  I  I  E  C  A  R  C  O  O  N  Q
F  I  E  L  L  B  H  V  D  M  E  P  P  U  E
E  B  O  E  O  R  S  G  N  I  S  S  E  L  B
R  E  D  N  D  O  N  A  T  I  O  N  R  R  B
I  E  A  T  B  Y  T  I  R  A  H  C  T  E  O
N  R  W  E  N  D  O  W  M  E  N  T  Y  W  U
G  F  A  D  S  O  U  V  E  N  I  R  S  A  N
Y  G  R  P  R  E  S  E  N  T  I  V  I  R  T
R  O  D  R  A  G  I  V  I  N  G  N  G  D  Y
```

CONTRIBUTION	CHARITY	OFFERING
INVESTMENT	SURRENDER	EMPOWER
BLESSINGS	FREEBIE	SOUVENIRS
AWARD	UNION	ENRICH
DONATION	VALUES	TALENTED
DELIVERY	BESTOW	ENDOWMENT
BEQUEST	GIVING	CONCORD
PROPERTY	REWARD	BOUNTY
GIFT	PRESENT	LIKING
SUBMIT	LIFT	ARDOR

Message:_____

Mor

Solution on page 147

64

```
R E V A L U A T E S T S B H E
E P R I C F E Y T I T N A U Q
D S E O F K I S A R A N L N Y
I T I T R H H G A I P N A D G
S A I A S A T H U T P E N E L
N N M H R E C A M R R X C R A
O D Y E C P E O U U E A E E C
C A T N O E P T S O C C S S I
D R R F M C S A L T I T I T R
E D E I P I E F U E A I S I E
D I P Y U R R A O E T N A M M
I Z O L T P R U U E E G H A U
V E R L E Y X L C H S A P T N
I M P O R T A N C E N G M E E
D F O T R V I T M U I M E R P
```

CHARTS QUANTITY UNDERESTIMATE
EXACTING EVALUATES APPRAISE
RESPECT PRICE PREMIUM
EMPHASIS ACTUARY IMPORTANCE
SHARE TOLL TREASURE
NUMERICAL DIVIDED STANDARDIZE
CONSIDER BALANCE APPRECIATES
MARKET COMPUTE PROPERTY
FIGURE VALUE

Message:_____

Solution on page 147

65

```
S A C E C N A T S B U S V S D
O G O I D T H E B T E A M E E
I N N D O L L A R S P C T L V
N I T I A T N I O N T C B C I
V K A E V K T R E A S U R Y C
E C I R R A O P M S D M P C E
S A N O E N S O D G R U C H S
T B L T T N R E I R L C I E
M L T S O E D T F I C A N A C
E L U C Y R F F U N C T E D R
N R K S A O A O E Q U I T Y U
T I S O P E D L N F R O T I O
V O H L O L A I C N A N I F S
T C E L L O C O U N T E R U E
S G O O P E N S I O N D W S R
```

ACCUMULATION	CONTAIN	FINANCIAL
PORTFOLIO	TREASURY	RESOURCES
PENSION	DOLLARS	SUBSTANCE
DEPOSIT	BUDGET	BACKING
SAVINGS	STORE	WRITTEN
EQUITY	MONEY	AFFIRM
BANKROLL	TRUST	CYCLES
CACHE	DEVICE	HOARD
INVESTMENT	STOCK	COLLECT
COUNTER		

Message:_____

Solution on page 147

66

```
W  A  G  E  M  T  E  G  D  E  H  B  I  G  C
M  O  N  E  I  H  E  U  Y  P  U  R  S  E  O
I  S  A  F  T  I  N  T  N  H  E  H  N  E  M
A  N  O  W  P  L  U  N  G  E  A  R  F  S  M
S  R  O  F  N  R  U  T  E  R  V  U  S  T  I
P  R  Y  I  N  T  E  R  E  S  T  E  E  T  T
G  U  T  N  T  L  R  R  E  R  N  S  R  N  M
O  B  E  A  E  A  U  P  R  I  E  M  O  E  E
Y  S  I  N  P  T  L  A  S  S  R  O  T  M  N
T  D  R  C  N  I  E  U  D  K  T  N  S  T  T
I  N  A  E  O  P  B  T  C  A  T  E  S  S  A
U  U  V  K  E  A  A  A  R  E  I  Y  Y  E  K
Q  F  S  S  E  C  C  A  N  S  P  K  A  V  E
E  M  O  C  N  I  P  E  R  K  S  S  P  N  R
N  O  I  T  A  C  I  F  I  S  R  E  V  I  D
```

FUNDS	EQUITY	MEANS
BUSINESS	SHARE	ACCESS
FINANCE	PAYS	SPECULATION
REVENUE	VENTURE	RETURN
INVESTMENT	GROWTH	COMMITMENT
INTEREST	HEDGE	STORE
INCOME	BANK	PURSE
ASSET	RISK	WAGE
PROFIT	VARIETY	PERKS
CAPITAL	PLUNGE	DIVERSIFICATION
TAKER	MONEY	

Message:_____

Solution on page 147

```
N C O R E H C A E T N N G S T
O E V I T A E R C E T O R N I
I D E R S S T A S A S I A R T
S I P U N G G I G Y I T D Y O
S U A I R E T U O W L A U T N
E L I S N R I C M U A C A I T
F C D T E D O A S L I O T R N
O L N P E N E N B N C V E O E
R U X A T E O P V S E I I H M
P E N R L C N E E E P S N T Y
O S A T O E N I E N S A T U O
E C R K N T E A L F D E E A L
T W R E F O O R P N X E R T P
R O A B U S E L F C O K N S M
W R U E N E R P E R T N E T E
```

INDEPENDENT   CREATIVE   ENTREPRENEUR
CONSULTANT   INTERN   EXPERTISE
FREELANCE   PAID   AUTHORITY
CASUAL   WORK   GRADUATE
PROFESSION   ONLINE   GUIDE
VOCATION   AGENT   POET
PROOF   TEACHER   EMPLOYMENT
SPECIALIST   INVENT   SELF
CONTRACT

Message:_____

Solution on page 147

68

```
S  B  W  I  T  F  I  N  A  N  C  I  A  L  D
E  S  U  E  I  S  S  T  I  Y  M  E  I  N  B
U  T  E  D  A  E  N  O  R  T  A  Q  U  A  K
N  E  A  V  G  L  M  A  N  C  U  F  N  I  N
E  N  D  A  L  E  T  I  E  I  H  K  E  P  R
V  T  I  L  M  E  T  H  D  M  N  A  T  H  E
E  L  D  O  N  O  H  A  O  O  T  R  N  K  L
R  A  C  O  C  T  T  S  T  Y  E  E  E  G  L
O  N  M  M  L  E  U  E  K  R  K  K  M  G  E
I  M  T  E  L  L  A  W  O  O  C  C  Y  E  T
I  M  P  O  R  T  A  N  T  O  O  A  A  T  H
N  O  S  N  A  O  L  R  T  D  P  B  P  S  T
T  N  U  O  M  A  H  L  S  L  Y  B  A  E  R
U  E  D  G  E  C  U  R  R  E  N  C  Y  N  U
T  Y  L  P  P  U  S  R  E  S  O  R  T  S  M
```

BOOKSHELVES   AMOUNT   BANKNOTE
MONETARY   CURRENCY   PAYMENT
OODLES   BUDGET   WALLET
DOLLARS   WEALTH   MOOLA
REVENUES   BACKER   LOANS
MONEY   MURTH   FUND
LIQUIDATE   TELLER   CASH
FINANCIAL   INCOME   MEANS
SUPPLY   POCKET   RESORTS
CHANGE   COIN   NESTEGG
IMPORTANT   DIME

Message:_____

Solution on page 147

69

```
C I A T H G I E W S T A R Y D
H M S T A D V A N T A G E T E
O P Y H T A G W M A C C S I S
I O G T Y E F O I F O L O L I
C R E T N E N I A M N A L A R
E T T D E E N T M P C C U I E
V A A E Y R M I I C E I T T N
I N R E T N T E T O R T I R O
T C T N N M A F R T N I O A I
C E S O E F W L O I H R N P T
E A T N G E V E P C U C R M I
J M T O R D N E P S U Q N I B
B E Y C U O M E U S I S E N M
O T O D N E C E S S I T Y R A
N O I T A N I M R E T E D A Y
```

CHOICE   STRATEGY   REQUIREMENT
AMBITION   NECESSITY   DETERMINATION
RESOLUTION   CRITICAL   ATTENTION
PLAN   CONCERN   SUPPORT
URGENT   MAIN   COMMITMENT
IMPORTANCE   WEIGHT   AGENDA
SPEND   ADVANTAGE   FOCUS
DESIRE   OBJECTIVE   IMPARTIALITY
MONEY

Message: _____

Solution on page 147

70

```
T D U O R H S N E Y T O O B P
S R E X S P E C O V E R U P L
V A E C T E S A C F E I R B A
A A F V M A L L O W E D O N N
N E L E O T N I A T R U C E T
Y H E U E C H R P H I D D E N
E I M R A S D E R K H G E R D
R D C N A B C Y V E C A R C E
U E Y T W A L L E T S O U S S
S A S D N U F E D O O S T L I
A W N C A N D P S R R H E S U
E A H A R B O U R P A R A H G
R Y R C E F L A E C N O C U S
T S O H E R U C S B O U H S I
R I D E T C E L L O C D T H D
```

STOCKPILES	BRIEFCASE	DISGUISED
TREASURE	HIDEAWAYS	OBSCURE
HIDDEN	COLLECTED	ENSHROUD
BOOTY	WALLET	HARBOUR
SHROUD	COVERT	COVERUP
DRAWER	HOARD	PLANT
CACHE	STASH	CURTAIN
VALUABLES	HAUL	HUSH
CONCEAL	FUND	SCREEN
SECRET	SAFE	ALLOWED

Message:_____

Solution on page 147

71

```
D E E T G N I K A T R E D N U
E D E R A P E R P E N A B L E
P I A E R Y N O I T I D N O C
L C M S I D D E L I V E R N E
A E E I S A Y O T U R F I S N
N D A N W E N C I A A L O P R
N E I A O R M A K E C O R I T
I V K G I D E B E S H U B E E
N E F R L G O R L C E E D T T
G L C O N T I N U E V Y A E U
O O H A P E R F O R M I U A L
A P R L L O C R E A T E C C O
A R N R A E L S T I E R F H S
A S S E S S M E N T G N I R B
U N D S S N O I S I V O R P A
```

UNDERTAKING	ORGANISE	PROVISIONS
DEVELOP	PREPARE	HOLD
ASSEMBLE	DELIVER	EDUCATE
INITIATE	SERVE	LEARN
CONTINUE	ABSOLUTE	PERFORM
CREATE	ARRANGE	CONDITION
READY	BRING	TEACH
DECIDE	CHOOSE	PLANNING
ASSESSMENT	MAKE	ENABLE
AWAKE	TRIP	

Message:_____

Solution on page 147

72

```
H I H N V Y A T S E Y E S S T
I S S E N I S U B Z F N P O U
S E A N L E E N E I I N E W N
U L I C R P C N N N S O C T D
S B E E R B O A O A R I U E E
T A T S O D N I T G E T L I R
A N N R N C T G I R V A A R W
I E R E I C R T E O I L T E R
N O P A A M I D F O D L E W I
W X L R Y O B O E K N A B O T
E S A H C R U P R G A T U P E
R W C A P I T A L D A S A M R
T N E M T S E V N I A N S E D
G N I T N U O C C A R I A E O
B E C O M M I T M E N T N M T
```

HELP	EMPOWER	PURCHASE
FINANCIAL	BANK	SUSTAIN
ORDAIN	SPECULATE	INSTALLATION
ENABLE	BUSINESS	INVESTMENT
CONTRIBUTE	CAPITAL	ACCOUNTING
INTEREST	BORROW	UNDERWRITE
MANAGED	CASH	COMMITMENT
ORGANIZE	DIVERSIFY	ASSET
EXPEND	ACTION	STAY

Message:_____

Solution on page 147

73

```
E  R  A  P  E  R  P  R  E  C  K  O  N  S  M
M  O  N  R  L  E  E  T  A  U  L  A  V  E  S
E  G  A  T  N  A  V  D  A  Y  D  O  M  S  E
S  N  N  O  S  T  N  F  O  R  E  B  E  A  R
S  C  N  O  I  T  A  R  T  N  E  C  N  O  C
E  G  N  I  D  N  A  S  T  R  E  D  N  U  O
C  U  H  A  N  G  T  E  S  R  E  O  P  I  N
N  E  D  A  U  S  R  E  P  C  I  E  M  Y  S
A  S  K  N  I  H  T  E  R  T  D  A  O  N  I
U  S  P  N  L  H  E  E  C  E  G  I  T  I  D
S  U  P  P  O  S  E  N  S  I  S  N  R  T  E
S  D  N  U  F  W  U  A  N  U  E  T  I  U  R
I  V  G  E  A  F  E  E  L  A  C  C  O  R  D
S  H  R  E  A  L  I  Z  A  T  I  O  N  C  B
T  T  S  T  P  I  E  C  E  R  H  E  F  S  M
```

SUPPOSE	EVALUATE	MEMBERS
INTEREST	BRING	CONCENTRATION
THOUGHT	FOREBEAR	REALIZATION
PLAN	GUESS	UNDERSTANDING
REASON	FOCUS	FUNDS
KNOW	PLEASED	ISSUANCE
ACCORD	RECKONS	ADVANTAGE
CONSIDER	FUNCTION	PERSUADE
SNARE	RECEIPTS	RECESS
IMAGINE	SCRUTINY	PREPARE
RETHINK	DECREE	

Message:_____

Solution on page 147

74

```
A E W I Y S E E T A C O L L A
P X T I F O R P E R S B O N N
S C H O I C O N V E R S I O N
U H O L D T L U S E R E V I O
D A H M O A A V A E S M A T I
O N E N M E T K Y I I S R A T
N G T T U H O A E D E I R A
R E P E U I N R U T N P A E T
E R M K H B T I R Q E A T T U
B E E C A E I A C R P R I L M
M D T A K S N R C A S A O A B
U U T R H S T E T N T T N O T
N I A A F T N E M S S E S S A
N M R E T T F I H S I H E I R
H E R P O R T I O N E D A R T
```

BRACKET	DISTRIBUTE	ATTEMPT
COMMUNICATE	ALTERATION	QUOTA
MUTATION	SHIFT	NUMBER
PERCENT	TRANSFER	ASSESSMENT
RESULT	VARIATION	SEPARATE
CONVERSION	ALLOCATE	PROFIT
EXCHANGE	SHARE	RAISE
MODIFY	SPEND	BREAK
MARKET	PORTION	

Message:_____

Solution on page 147

75

```
I  S  F  Y  O  O  O  P  U  L  E  N  C  E  S
U  D  E  L  A  T  I  P  A  C  E  S  I  R  E
T  W  O  T  E  B  E  L  O  N  G  I  N  G  S
F  W  E  E  A  C  E  W  O  L  R  I  C  N  E
Y  O  S  A  V  I  N  G  S  F  H  Y  C  I  U
T  R  O  U  L  E  C  A  S  N  T  T  T  Y  L
R  T  H  E  R  T  T  E  D  I  T  R  H  A  A
E  H  I  S  N  E  H  G  R  N  N  S  O  L  V
V  Y  H  O  S  C  S  E  U  P  U  C  H  P  A
O  I  V  S  I  S  P  O  E  T  P  B  O  H  A
P  T  A  R  M  S  T  N  U  O  M  A  A  M  M
D  E  D  A  O  L  N  U  Y  R  U  X  U  L  E
O  N  R  R  N  E  L  E  G  A  C  Y  Y  C  A
N  T  P  N  E  T  N  E  M  T  S  E  V  N  I
S  O  T  B  Y  R  U  S  A  E  R  T  S  U  Y
```

PROSPERITY	AMOUNTS	BELONGINGS
PORTFOLIO	VALUE	PLAYING
SAVINGS	TREASURY	UNLOADED
CAPITAL	OPULENCES	APPRECIATES
OWNERSHIP	RICHES	INVESTMENT
INCOME	LEGACY	ABUNDANCE
MONEY	WORTH	SMARTS
RESOURCES	ASSET	LUXURY
POVERTY	WEALTH	

Message:_____

Solution on page 147

76

```
W F P A I D O T S U A H X E E
A M A R K E T I N G R E E R C
N V Y E O E C R Y D P R A O O
T Y T G D D A N I Y U S N T N
O E I R T T U S A T U S P S O
N D V U A E B C I R U N R C M
T Y E L A U G D T L U U E I I
I A R P R T N D T I O D D R C
F D B S L E M E U A O T N T S
E Y E S P E T I R B C N A E T
N N R X A S T N C O N S U M E
E I E A N V D I U S D F Q E R
B A N K S T I N O O O E S S A
V R P A E H C N U N C I N G S
S C H E D U L E G F R U G A L
```

EXPENDITURE   BUDGET   CONSULT
SQUANDER   METRIC   BENEFIT
RAINYDAY   BANKS   FRUGAL
CONSUME   EXHAUST   SAVING
FUNDS   DISBURSE   CHEAP
WANTON   ENDURANCE   BREVITY
PRODUCTION   SCHEDULE   PAID
ECONOMICS   COUNTER   DEPLETION
MARKETING   SPLURGE   ERODE
STORE

Message:_____

Solution on page 148

77

```
N A O L S P Y E L E W E J O B
U H D E A L P A L V E O B D A
E E X Y N I O N T B Y H E I I
S A D S S I C T E O M P G U L
T A A E R T K N U I I A A W O
Y O M G N E E S B W E F G I U
B O R A C F T W S H O R T N T
O R E W I A S I I D T O R N L
N E N T S N S O R N T A O I U
U D S N O R T H E W D P M N A
S N A E A P T A I T R F H G F
R E F U N D K E I N S E A S E
M L A E C N O C A N G M D L D
E M T N E M L L A T S N I N L
I S T P A Y O F F J A K E S U
```

INSTALLMENT	SWIPED	CONCEAL
CASHING	JEWEL	MAINTAIN
PAYDAY	DEAL	TAXES
GAMBLE	WINDFALL	MEANS
POCKET	BAILOUT	UNDERWRITER
WAGES	BENEFITS	LOAN
JACKPOT	DEFAULT	MATH
MORTGAGE	PAYOFF	SHORT
REFUND	LENDER	JOYOUS
BONUS	WINNINGS	

Message:_____

Solution on page 148

78

```
R I W F Y O N I A G R A B U H
E E A A V E B E E N T H M N
G S W I R N E S K I N S O O G
A R A A B D A T O U U N I N T
R U E A R H E K A T E T E O P
O B X M P D U L A T A R N I E
F S C N U C H T I L S P V T B
A I H O I N S Z E V A S I C I
A D A I M S E R E Y E T R N R
C O N T P M T R M O E R O I C
Q R G C O D A E A K A Y N T S
U D E E R I N N R T S V M S B
I E S S T T T A D H E E E I U
R R D A Y T M O M S L A N D S
E S A H C R U P T K L E T I T
```

REMUNERATE	COMMAND	STATE
SELL	ACQUIRE	SECTION
MONETIZE	DRAW	DISTINCTION
SAVE	TAKE	RELATION
INVEST	DISBURSE	IMPORT
DELIVER	PAYMENT	ENVIRONMENT
SUBSCRIBE	REWARD	FORAGER
EXCHANGE	STATUS	MARKET
BARGAIN	ORDER	PURCHASE
PHASE		

Message:_____

Solution on page 148

79

```
I  N  T  S  E  E  E  X  A  M  P  L  E  N  H
R  E  W  E  V  T  C  E  J  B  U  S  O  M  S
Y  E  R  E  S  C  O  N  D  I  T  I  O  N  I
N  T  N  I  D  I  O  L  B  A  T  D  N  T  L
R  T  R  S  U  T  A  T  S  A  E  O  I  N  B
S  E  G  E  N  Q  E  W  U  R  I  N  F  O  A
S  C  P  S  P  A  E  T  N  T  B  O  H  U  T
T  R  O  A  T  O  I  R  U  M  Y  S  O  Y  S
A  U  R  N  P  S  R  L  E  Y  E  D  T  L  E
N  O  I  T  I  S  O  P  W  R  I  N  A  K  L
D  S  G  L  A  V  R  O  F  L  E  R  I  E  V
A  E  I  E  E  C  N  E  I  R  E  P  X  E  R
R  R  N  R  I  N  R  T  R  D  H  V  E  W  M
D  A  A  R  U  M  O  U  R  I  A  L  O  T  H
I  S  L  W  E  E  C  I  V  D  A  R  E  N  K
```

EXPERIENCE	EVENTS	RESOURCE
CONDITION	ESTABLISH	RADIO
REQUIRE	REFRESH	ADVICE
MODERN	NOVEL	RUMOUR
STANDARD	SITUATION	WEEKLY
STATUS	ORIGINAL	TABLOID
REVOLUTION	SUBJECT	PAPER
POSITION	EXAMPLE	INFO
CURRENT	NEWS	PROPERTY
READY		

Message:_____

Solution on page 148

80

```
T B E N C H R O T I D E R C R
C E Y O U W Q I L N L N H M E
U N S E E U D T U O P O R O V
D E P S A A R O E A I I N D I
O E X L A M R O N C P T L U E
R B I A N G E A E T T I I L W
P T A O R N E A L S S N T E F
Y C O S R E R C E O T I N T S
O E A L I A G C V P A F E H P
B L M R G C I U E E N E M G E
J E E I I U D R L T D D U U C
E S P R R C E A O A A M G O I
C I T N G P P C P G R U R H F
T E R C H E P Y T A D S A T Y
M S Y S T E M E R U S A E M E
```

DEFINITION	MODULE	GATEPOST
REGULAR	TYPE	OBJECT
QUALITY	STANDARD	GROUND
NORMAL	SELECT	ARGUMENT
CHOICE	METRIC	CREDITOR
PRIME	LEVEL	PEDIGREE
ASSET	MEASURE	THOUGHT
ACCURACY	SPECIFY	REVIEW
PRODUCT	SYSTEM	BASIC
BENCH		

Message:_____

Solution on page 148

81

```
A  B  E  E  W  D  A  R  E  T  I  D  E  R  C
S  S  I  X  S  G  N  I  N  I  A  G  R  A  B
S  E  N  O  P  E  Q  U  I  T  Y  F  L  I  N
E  S  C  T  T  E  O  L  F  E  E  X  B  O  P
T  R  O  E  N  C  N  V  S  E  E  O  T  S  B
S  U  M  E  C  C  T  S  E  P  R  E  P  A  Y
K  B  E  A  A  I  G  U  E  R  S  E  A  C  S
C  S  N  M  S  E  A  N  O  S  D  L  A  S  E
E  I  O  O  D  T  Q  W  I  L  L  R  E  T  G
H  D  P  A  K  E  E  U  W  L  D  I  A  I  N
C  E  U  L  L  S  T  R  A  I  L  R  N  F  I
D  V  O  K  A  G  R  I  C  T  E  I  A  E  T
T  I  C  Y  T  I  L  I  B  A  I  L  B  N  S
S  S  C  H  A  R  G  E  H  E  R  O  I  E  O
L  A  I  C  N  A  N  I  F  P  D  D  N  B  C
```

MASTERCARD	REFUND	INCOME
BILLING	VISA	CHARGE
ACCOUNT	DEPOSIT	RATE
CHECKS	DEBITED	COSTING
FINANCIAL	COUPON	NOTE
ASSET	CREDIT	DISBURSES
OVERDRAFT	PREPAY	BENEFITS
LIABILITY	CARD	BARGAININGS
BORROW	EQUATION	EXPENSES
EQUITY		

Message:_____

Solution on page 148

82

```
S Y E N O M S D I S B U R S E
O E M E O N Y R A L A S P E I
S A H B E T A R E N U M E R O
S E T T L E D U T T U O R E A
C D H O I U Y T T L S O Y O D
E R N O I T A S N E P M O C R
T U E U W I P T H A E G E E O
U S N I F D L E I Y N E V N F
B M U T M E S I S I D E I I F
I E E B C B R E N E N I G D A
R X E E S N U R G U K U R G D
T P B F D I A R E A R A I U N
N E I A N E D C S E W I T A L
O N R O P P R Y S E O C R S T
C D B N R U T E R U H N I T Y
```

DISBURSE	AFFORD	RETURN
REFUND	BRIBE	EXPEND
PAYDAYS	CONTRIBUTE	STAKES
DUTCH	REIMBURSE	YIELD
SPEND	REDEEM	SETTLE
REMUNERATE	SALARY	MONEY
REVENUE	WAGES	LUMP
COMPENSATION	TITHE	FIGURES
EARNING	GIVE	SUBSIDY
REWARD		

Message:_____

Solution on page 148

```
P T E A D D S C Y P H E R E S
A E T E N E A A R D C H F N T
T K U O I R S L R N O E X T C
T C P P F E E C T O R B A E E
E A M R M B P U O I N L E R J
R R O E E M A L F S A E Y P O
N B C D P U H A R I O A M V R
E E A I O N S T R V G K F A P
S R S C R F S E R N U U O I N
T U A A T T T L E E S R S O
A T M M A A N G I S E D E E I
T C O E M O D E L G Z T C T T
U I U N H I K O O L I S A T C
S P N T R A T I N G S D S I E
E S T I M A T E M M R E T E S
```

CALCULATE   NUMBERED   NAME
COMPUTE   DIGITS   PROJECTS
MODEL   SHAPES   ESTIMATE
PATTERN   SECTION   CYPHER
MATERIAL   RATING   LOOK
FIND   ENTER   TRADE
TROPE   FORECAST   STATUS
AMOUNT   PICTURE   PREDICAMENT
SIZE   DESIGN   BRACKET
ENVISION   BODY   BLEAK
FIGURE   TERM

Message:_____

Solution on page 148

84

```
T D D E P A R T M E N T A A S
T I S E N D S S L A C I P Y T
N G D J S O L R E W O P A L M
E E L U C W I A O S R T F O Y
M S P D A N O T I O N H N U R
A T R G A L R C A R C E O U G
C K I E N O T C P U T M P S E
I E C M P A H T P A L E O X N
D D E E S D G S R S E A E W E
E U R N H N T Y A W E I V E R
R L H T I C E R I E G R Y E A
P C O T A K E R S U S R I T L
A N R F Y R O G E T A C O E N
N O I T P I R C S E D D T U S
S C E S T I M A T E O D A Y P
```

EVALUATION   CONCLUDE   DESCRIPTION
JUDGEMENT   AUDIT   DEPARTMENT
REVIEW   ESTIMATE   PREDICAMENT
SORTING   POWER   FACTS
CATEGORY   THEME   GROUP
MONETARY   EXPENSE   TYPICAL
REPORT   PRICE   GENERAL
CHECK   COST   DOWNLOAD
APPROACH   TRIAL   DIGEST
APPRAISE   SERIES   TAKER

Message:_____

Solution on page 148

85

```
S A F S R E S S E N I S U B S
T A C C O U N T O H I J I N V
A E T O N O I T A N A L P X E
T D N O S T E M E C L Y N T S
E E E P O P C P K P L O B T N
M Z M B A R I P T L U A S N O
E I Y D I S O I A T L I Y I S
N R A S C T V T C A S E K H A
T O P O S E N I N S T A N C E
A G R A D E I C A E D Y A R R
N E E O M U E S D L I U B E R
N T C M B U L L E T I N S D W
U A O B R I E F Y R O T S I H
A C R T H G I L R E P O R T A
L Y D D E T A C I N U M M O C
```

EXPLANATION	BILL	COMMUNICATED
INSTANCE	SCORE	BULLETINS
COMMENT	SCOOP	REASON
CREDIT	JACKPOTS	CASE
DEBIT	BRIEF	NOTEPAD
RECORD	HISTORY	CATEGORIZED
BANK	STATEMENT	ASSISTS
TALLY	BUSINESS	BUILDS
BALANCE	PAYMENT	LIGHT
INVOICE	ACCOUNT	ANNUAL
REPORT		

Message:_____

Solution on page 148

Cryptograms
86 – numbers

A	B	C	D	E	F	G	H	I	J	K	L	M

N	O	P	Q	R	S	T	U	V	W	X	Y	Z

14 13 6   4 6 17 7   5 6 17 11 9 4 6   21 20

8 21 9 4   22 6 17 7 14 13   26 11   13 21 22

5 9 2 13   8 21 9 ' 3   19 6   22 21 4 14 13

26 20   8 21 9   7 21 11 14   26 14   17 7 7 .

87 – numbers

A	B	C	D	E	F	G	H	I	J	K	L	M

N	O	P	Q	R	S	T	U	V	W	X	Y	Z

14 10 20   23 16   3 23 10   23 4 15   9 17 22 23

7 15   19 7 22 23 '   2 17 20   23 16   3 23 10

8 7 1 16 15   9 17 22 29 .

Hints on page 142. Solutions on page 153

88 - letters

A	B	C	D	E	F	G	H	I	J	K	L	M
N	O	P	Q	R	S	T	U	V	W	X	Y	Z

```
__  __      __  __      __  __  __      __  __  __
M   O       M   T       H   U   O       O   Y   I

__  __  __      __  __  __      __  __  __      __  __  __
U   H   I       Z   Y   U       Y   R   T       O   U   U

__  __  __  __  __  __ ,     __  __  __      __  __  __
K   M   O   O   K   I         N   P   O       O   Y   I

__  __  __      __  __  __      __  __  __  __  __  __
U   H   I       Z   Y   U       Q   V   R   S   I   T

__  __  __  __ ,     __  __  __  __      __  __
F   U   V   I         O   Y   R   O       M   T

__  __  __  __ .
B   U   U   V
```

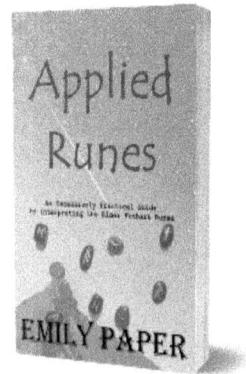

Hints on page 142. Solutions on page 153

Letter Tiles

89

TH	HE	FO	ST .	EXP
PIT	S .	EST	ON	ALI
. P	ECT	WHA	WOR	E B
ZE	CA	REP	ARE	
T C	OME	R T		

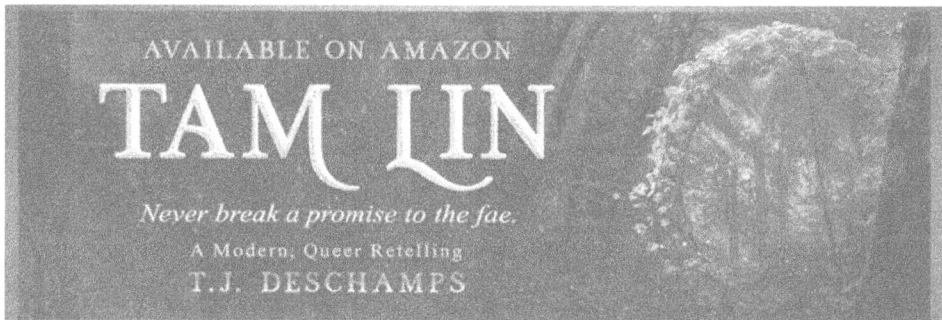

Hints on page 142. Solutions on page 153

90

EAP	THA	RIC	HOS	T M
T W	SUR	AN_	HES	ARE
E S	EST	E_P	.	I S
CH	LEA			

91

HAT	YO	OWN	NOW	.
D K	WN,	W W	I T	KNO
Y Y	U O	OU	AN	WH

Hints on page 142. Solutions on page 153

Health

Word Searches

92

```
H  C  R  A  E  S  E  R  A  H  S  A  G  O  O
E  D  S  L  A  N  O  I  T  I  R  T  U  N  E
H  X  S  N  O  I  T  A  C  U  D  E  T  U  S
O  S  E  G  H  M  E  D  I  C  I  N  E  A  A
S  O  N  R  S  S  E  N  L  L  E  W  N  D  E
P  C  L  A  C  L  F  O  N  M  T  G  S  I  S
I  I  L  L  E  I  C  N  A  R  U  S  N  I
T  A  I  E  T  P  S  O  A  E  R  A  C  F  D
A  L  R  N  E  D  R  E  T  H  E  B  I  E  E
L  S  E  T  O  I  D  C  S  U  R  H  E  C  S
E  S  S  C  V  E  I  N  T  A  T  H  N  T  S
S  E  T  N  E  I  T  A  P  L  F  D  C  I  E
O  O  E  R  M  E  N  T  A  L  C  E  E  O  R
R  N  G  I  S  E  D  E  T  O  A  R  T  N  T
S  A  B  O  O  K  H  Y  G  I  E  N  E  Y  S
```

ENVIRONMENT	SCIENCE	PLAN
MEDICINE	HEALTH	SOCIAL
RESEARCH	DIET	EDUCATION
PATIENT	NUTRITION	ILLNESS
DOCTOR	SHARES	WELLNESS
SAFETY	HOSPITAL	MENTAL
INSURANCE	HYGIENE	STRESS
EXERCISE	FITNESS	DESIGN
DISEASE	CARE	INFECTION
AGREED		

Message:_____

Solution on page 149

93

```
Y  G  R  E  N  E  E  P  A  R  O  U  S  E  A
H  R  A  C  E  T  V  T  S  N  I  R  S  I  E
T  C  E  S  I  M  T  O  E  H  E  E  N  U  S
W  E  I  C  A  A  U  C  L  S  R  M  G  R  S
O  A  X  E  T  L  N  O  U  U  O  I  I  F  E
R  E  R  D  C  E  E  R  T  S  T  E  P  A  N
G  D  E  B  T  N  G  A  N  A  R  I  D  E  L
N  L  M  S  A  E  E  I  F  T  H  L  O  I  U
I  U  I  N  G  R  B  I  O  L  O  G  Y  N  F
N  X  T  T  C  E  Y  O  R  H  R  E  L  N  E
E  U  U  N  I  V  E  R  S  E  O  I  E  O  K
K  R  V  N  E  Y  A  E  O  U  P  U  R  S  A
A  I  G  T  C  E  R  R  O  C  A  X  S  R  W
W  E  T  F  I  H  S  N  X  A  S  L  E  E  P
A  S  I  E  T  T  M  E  T  S  Y  S  Y  P  S
```

EXPERIENCE	DREAM	ANEMIA
UNIVERSE	INSOMNIA	CORRECT
ENERGY	ASLEEP	WAKEFULNESS
EXISTENCE	SHIFT	EXCITE
BIOLOGY	LUXURIES	RESURGE
BEING	SOUL	AROUSE
SYSTEM	TIME	RAISE
EVOLUTION	GROWTH	THRESHOLD
AWAKENING	FATIGUE	HOUSES
PERSON	CREATURES	

Message:_____

Solution on page 149

94

```
N G S S T R E E T A R E P O M
U A E R E G T R D E Y R I E N
R D K N A T O I P N F G N A N
S O E S E P T A N E I D L W O
E W S R P R I L L H D L O M I
S A L U U R A E E U O G A L T
M E S A S C S L S W M N O S U
E V O R P M I F I P A R R W B
T O A T E Y L N C G L E O Y I
A L R B D A G E E H T I F F R
V V O A V R E D E S A V N I T
I E E I B E H A V E R R T N
T R R E N A B L E M E N T R O
C R Y M E A P Y D E M E R E C
A L D E Z I L A T I V E R C R
```

FORMULA   READY   MASSAGE
ARRIVAL   CHARTER   CONTRIBUTION
ENABLEMENT   NURSE   MEND
GENERAL   CERTIFY   REVITALIZED
IMPROVE   PLASTERS   REPAIR
MANAGED   OPERATE   REMEDY
SUPPORT   RENEWS   CURED
ACTIVATE   SETTLE   BEHAVE
MODIFY   SPLINT   EVOLVE
ALLOWING

Message:_____

Solution on page 149

95

```
D O N N O Y T T T P A S Y S E
U S S A O P M R H T H D E C N
E U P P X I E E T E E O I E P
P P O T L A T P D M R T R E O
R P I I T I R I E A N A N T U
N O L M I O N R D E C T P T E
N R Y E C T E T R N E A R Y B
A T C E F F A P O R O G A E I
I O S O E N P H T A W C C S R
C S A R L A K A E W I T T I C
I T E C H N I C I A N H I C S
S D I A G N O S I S L A C R E
Y F C I R T A I D E P T E E R
H R I E N D N O U R I S H X P
P R E P E E K S P O L E V E D
```

TECHNICIAN   APPRENTICE   PHYSICIAN
PROCESS   DIAGNOSIS   SPOIL
SPLINT   REFER   SUPPORT
AFFECT   THERAPY   PRACTICE
ENTERTAIN   HEALTH   CONDITION
PRESCRIBE   KEEPER   NAPTIME
TREAT   PEDIATRIC   DEVELOPS
REMEDY   CARE   EXERCISE
NOURISH   ACADEMY

Message:_____

Solution on page 149

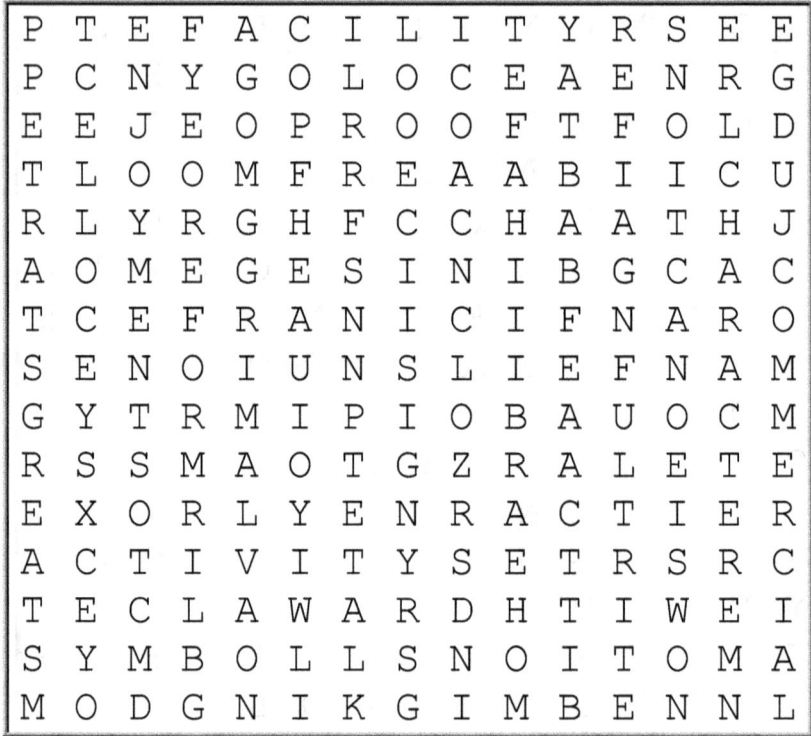

96

```
P T E F A C I L I T Y R S E E
P C N Y G O L O C E A E N R G
E E J E O P R O O F T F O L D
T L O O M F R E A A B I I C U
R L Y R G H F C C H A A T H J
A O M E G E S I N I B G C A C
T C E F R A N I C I F N A R O
S E N O I U N S L I E F N A M
G Y T R M I P I O B A U O C M
R S S M A O T G Z R A L E T E
E X O R L Y E N R A C T I E R
A C T I V I T Y S E T R S R C
T E C L A W A R D H T I W E I
S Y M B O L L S N O I T A M A
M O D G N I K G I M B E N N L
```

PROOF   GREAT   ESTABLISHMENT
ACTIONS   CHARACTER   OFFICIAL
POLICY   MOTIONS   COLLECT
JUDGE   STORE   REFORM
ECOLOGY   SYMBOL   ORGANIZATION
COMMERCIAL   ACTIVITY   TALK
SIGN   BENCH   WITHDRAWAL
FACILITY   START   TRAIN
ENJOYMENTS   BODY   LIABILITY
OFFICE   COMMUNICATE   KINGDOM

Message:_____

Solution on page 149

Health 101

97

```
P L A C E S N I M A T I V K U
T N E I R T U N S F E M N A S
S A T N A L P N R Y D I E T E
U H E A G T C U D O R P R T L
P B S G R A I N S D A N S I B
P D S R I T P I E C S U E T A
L P R O C E S S I N G S N U T
Y P R L U F O T I A I A R D E
T R E E L S H S R E R S I E G
R E G G T T I R H U F A I S E
N S N U U A T I A E E D O U V
X E U M R B W T E T A S I D C
A R H E E L S D N E I L E T E
F V Y G R E N E R F E O T L C
D E C I R E L B I D E T N H S
```

AGRICULTURE	SUPPLY	FEED
ORGANIC	DIET	FRUIT
HEALTH	RAISINS	HUNGER
DRINK	EDIBLE	SUGAR
PROCESSING	ATTITUDES	PRESERVE
VEGETABLES	STRUESEL	ENERGY
RESTAURANT	GRAINS	VITAMIN
RICED	CUISINE	LEGUME
BREAD	PRODUCT	STABLE
NUTRIENT	WATER	RATION
PLACES	PLANT	

Message:_____

Solution on page 149

```
P L E H S E T A E R C D I E E
S T A R V E T S A L R E T I N
N R E V I G T E E F F A E C N
I T I M V H E A L R V E C S A
A O N O O U N R R I U H I S T
T R P U R I F Y T E E O Y H U
S E Y O F U S L L R N F V E R
U S Y R B E U T I P I E D E E
S P O R T C E S U R P I G R D
D I A A R Q H D A R V U Y E W
I T R W U A T L I O I H S T R
A E H E A E C A R N L Z T A H
A Y N L I K F P E S G T E C Y
L C E I N S E Z I L I T R E F
H R E J U V E N A T E T E A D
```

MOISTURIZE   PURIFY   SUPPLY
SUSTAIN   CARRY   QUENCH
CLARIFY   REJUVENATE   HEAL
DEVOUR   CULTIVATE   GIVER
RESPITE   FERTILIZE   HELP
CATER   AWAKEN   CLEAN
REGENERATE   STARVE   CHERISH
NATURE   FEEDING   AERATE
CREATES   PROVIDE

Message:_____

Solution on page 149

99

```
E N I F E D Y O M U D O E T N
N N T N E C E S S I T Y V E O
O I H A V E G T T O N E L N I
I N X E R P L N E A I D O A T
T D T N C E D K I R Y O S C A
C U U N R N T E N D M F E I T
N S O A E O E F T I N I R T S
U T I L I T Y T A A H A N Y T
F R D P S T N E S U I T T E H
O Y A L N Y R I O I N L E S E
B U A V T U T Y D E S I G N O
O O I N T E G R I T Y R U R R
G E E U N O I S A C C O E S Y
W V F E G D E L W O N K E P L
E S D E E N F S E S O P R U P
```

DETAIL
NECESSITY
THEORY
NEEDS
FUNCTION
FUTURE
DESIGN
MIND
PURPOSES
TENACITY

THINK
VIEW
AIM
KNOWLEDGE
STANDING
INTENT
PERSISTENCE
EVENT
OCCASION
DEFINE

STATION
PLAN
INTEGRITY
DETERMINE
UTILITY
GOALS
RESOLVE
AFTER
INDUSTRY
SUIT

Message: _____

Solution on page 149

100

```
D  R  I  N  K  C  N  A  G  E  V  A  Y  O  N
V  G  S  A  I  J  Y  T  L  A  S  T  G  D  E
I  N  R  E  U  E  N  P  X  T  R  S  R  A  V
C  I  I  N  R  E  E  G  U  I  D  A  E  G  C
T  T  K  A  I  N  R  O  L  O  I  P  N  H  S
U  A  E  R  V  E  U  O  O  I  S  I  E  Y  U
A  E  T  R  L  T  T  F  O  B  K  E  E  H  B
L  U  A  E  D  I  L  O  S  O  S  N  N  T  S
N  E  R  T  F  I  U  T  O  E  Y  I  O  L  T
B  U  O  I  L  R  C  C  H  E  S  M  A  A  A
I  R  G  D  G  N  I  N  I  D  T  A  H  E  N
T  N  I  E  T  O  R  P  L  A  N  T  L  H  C
T  E  V  M  E  U  G  I  T  A  F  I  A  A  E
E  V  E  G  E  T  A  R  I  A  N  V  L  T  D
R  H  R  N  O  I  N  O  I  T  I  R  T  U  N
```

SUSTANCE	VICTUAL	MEDITERRANEAN
COOKING	HEALTHY	AGRICULTURE
PROTEIN	REVIGORATE	NUTRITION
SALAD	ONION	ENERGY
SOUP	BITTER	PLANT
JUNK	SOLID	EATING
NUTRIENT	PASTA	DINING
VEGETARIAN	DRINK	VEGAN
CHEESE	VITAMIN	FATIGUE
SALTY	FOOD	OIL

Message:_____

Solution on page 149

101

```
A Y T I L A T N E M B N E C G
A T S E T I V M E I M I R N O
D N I V Y G O L O H C Y S P W
L E L E I R C L L L I N I E R
A D A I A V O E L N R N G O R
U I E L I G G Y G O I V I E E
T C D E Y E N E R O G V Y M T
I C I B N O I E N O A I U O E
R A E I A T T P B H M E C T M
I O A L F R I S E O N E I I O
P L T I L A O B I A L I M O R
S V R E L E N O S R E P A N A
T H G U O H T N Y L E V A R B
T I L A E M I N D F U L F E B
L A N O I T A R I T R A U M A
```

PSYCHOLOGY   BRAIN   COGNITION
INSANE   THRIFT   MEMORY
EMOTION   ACCIDENT   MORAL
SPIRITUAL   BELIEVE   MENTALITY
THOUGHT   MEAL   RATIONAL
TRAUMA   INTELLECT   IDEALIST
LOGIC   BIOLOGY   MINDFUL
BEHAVIOR   HEART   LOBE
GENIAL   PERSON   CRYING
OPINION   BRAVELY   BAROMETER

Message:_____

Solution on page 149

102

```
S E D E C N E L I S R N D H E
G R I E V E H A U E L I E N G
T E V L O S E R T H E P V O E
U G H T I S V T R S T R O O V
R O T R H I E L A E H E R N E
E E U F V B R R S S P V P R I
A O G E M R E T N N D A M U L
N V R E R E E T R A H I I T E
S E E D N E N V K E S L E R R
O R U B T E T D O L A S Y E W
O C Q A H I R T E C I T L V L
T O N C I B E A A R E E T O E
H M O K N U D R T H N R J H E
E E C D K S S T R E S S C O T
O E T A I V E L L A Y A O U G
```

RECOVER	OVERTURN	IMPROVE
NOURISH	CONQUER	HEAL
REGENERATE	MISLEADS	STRESS
GRIEVE	MEND	ERASE
REPAIR	PREVAILS	BETTER
ACHE	SOOTHE	SILENCED
THINK	CLEANSE	ILK
TREAT	SURVIVE	FEEDBACK
OVERCOME	RELIEVE	SHATTER
RESOLVE	ALLEVIATE	JOG

Message:_____

Solution on page 149

103

```
B I T I D E R U C S H S E F A
L R T A D V A N T A G E O U S
S S E N L L E W H N T U T E G
H A T A I Y S A I A N R F A N
E A L W K E L R M T R O A R I
D E L A E H P I A U R E E T H
T L R D T S I S T S T T H S
R T E V H N N A U A R E S A A
E H C I I N D N M E E T S N W
A G O C O T E P A O C I E C E
S I V E L A I T N A T S B U S
U R E S O F G S R I A P S E D
R L R O L C I T S A L E M D A
E A Y N I N T E N S I T Y Y D
L A N O S A E S S I L V E R S
```

WATER	BREAK	ADVANTAGEOUS
ADVICE	ALRIGHT	WASHING
CURED	INTIMATE	TREASURE
HEALED	SYMPTOM	SUBSTANTIAL
INTENSITY	EARTH	DESPAIRS
RECOVERY	WELLNESS	FOUNTAIN
RETREAT	FORTUNE	ATTRACTS
SPRINGS	EASILY	SEASONAL
ELASTIC	AMUSES	

Message:_____

Solution on page 149

Cryptograms

104 - numbers

A	B	C	D	E	F	G	H	I	J	K	L	M

N	O	P	Q	R	S	T	U	V	W	X	Y	Z

9 11 24 14   13 6 24 2 6 15 9 9   25 9

4 15 20 20 15 6   20 19 1 16   16 24

13 6 24 2 6 15 9 9 .

105 - numbers

A	B	C	D	E	F	G	H	I	J	K	L	M

N	O	P	Q	R	S	T	U	V	W	X	Y	Z

5 21 8 15 21 24 9 20 15 20 18 19 14 8 15 20 .

4 5 20 24 9 8 21 18 19 4 9 8 1 20 .

13 19 24 9 8 21 18 19 4 17 8 25 .

Hints on page 142. Solutions on page 153

106 - letters

A	B	C	D	E	F	G	H	I	J	K	L	M

N	O	P	Q	R	S	T	U	V	W	X	Y	Z

B O Z   P I W   A K P U   B O Z

W P U ,   G O   X O S ' U   H W

E P G U '   M K W P F ,

W P G B '   O I   E P T W .

Hints on page 142. Solution is on page 153

Letter Tiles

When unscrambled, the letter tiles reveal a message from the Universe.

107

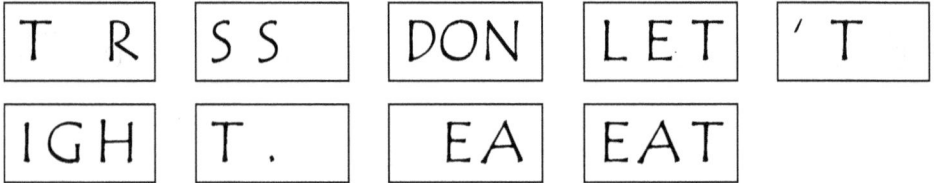

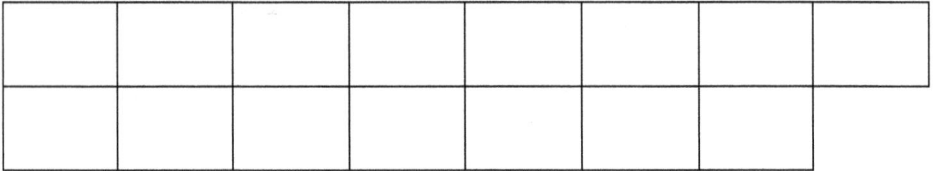

108

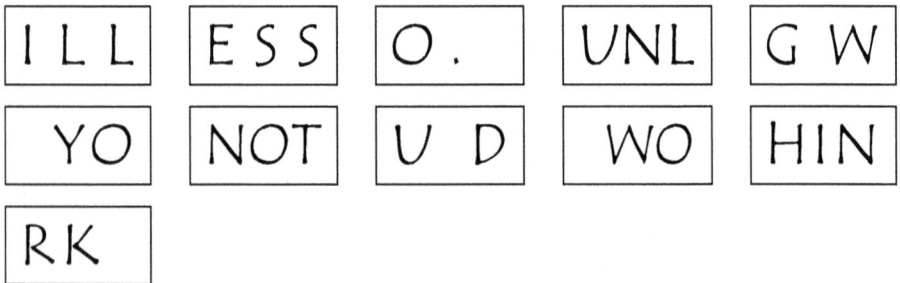

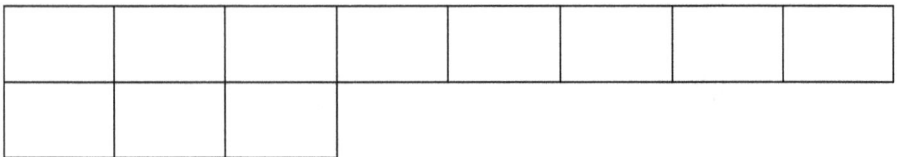

Hints on page 142. Solutions on page 154

109

RGY	JUS	FOO	. I	PER
D I	T E	CE.	OT	EX
ENE	S N	AN	IEN	T S
NG	ATI			

Hints on page 142. Solutions on page 154

Life and Experiences

Word Searches

110

```
Y  A  P  E  M  E  R  E  S  O  N  K  Y  G  V
O  H  M  F  T  Y  Z  E  V  E  N  T  T  N  I
S  I  P  E  N  I  S  S  M  O  E  E  I  I  S
T  P  R  O  E  E  T  W  T  C  S  L  N  I
N  H  E  S  S  D  N  L  I  N  I  S  A  E  O
O  R  C  N  O  O  E  O  E  C  D  E  E  P  N
I  E  E  S  D  D  L  D  I  S  I  A  R  P  S
T  S  I  T  G  S  I  I  I  T  C  S  N  A  T
P  P  V  E  Y  C  D  O  H  C  A  N  M  H  R
E  O  E  C  N  E  I  R  E  P  X  E  R  T  I
C  N  H  I  T  V  E  P  R  O  A  O  R  D  V
R  S  H  S  L  I  T  E  T  O  U  O  K  C  I
E  E  A  I  T  L  M  A  R  G  O  R  P  O  A
P  T  F  A  M  E  E  T  H  E  A  L  E  R  L
A  E  V  O  I  R  D  I  L  A  E  D  R  O  T
```

EXPERIENCE	RESPONSE	TASTED
REALITY	SPENDS	PROGRAM
MYSTICISM	TRIVIAL	CREATION
PERCEPTION	EVENT	ACCEPT
THROUGH	PHILOSOPHY	EPISODES
RELIVE	KNOWLEDGE	HAPPENING
SEIZE	RECEIVE	TIME
ORDEAL	MEET	HEALER
LIFE	VISIONS	FAME
INCIDENCE		

Message:_____

Solution on page 150

111

```
B V N E R D E C N O C S N E D
A Y S O E S N E H S E R F E R
L P O S I T I O N C O O P E N
A A A E Y T O U R W N L T S I
N H W T L L I O G O O U D R O
C A N A A T F D L Y B R A L N
I S O C R A Y N N I A N E L O
N S G O J D U O R O C L T A I
G E P L A U H T B H C O S T T
S M A E R T S T H R N C M S A
I B R R E I U Y I O O A R N T
S L O W D O W N S W R T A I S
A E E C R O F N I E R I F V E
R W E Q U I P M E N T O T A T
T N E M E L B A N E E N R Y S
```

WITHDRAWAL	OUTBOARDS	REINFORCE
AUTHORITY	ALREADY	INSTALL
STATION	IMPORT	STREAMS
EQUIPMENT	RANCH	CONDITION
LOCATION	LAUNCH	CHASED
DISTRIBUTE	ENABLEMENT	REFRESHENS
ASSEMBLE	POSITION	BALANCING
FORCES	RELOCATE	SLOWDOWNS
ENSCONCED	DEPLOY	FARMSTEAD

Message:_____

Solution on page 150

112

```
N  T  E  P  H  E  O  P  C  P  O  R  E  F  N
O  T  U  R  O  N  N  C  I  H  T  Y  V  U  E
S  T  O  S  U  S  O  T  O  S  A  I  O  T  E
A  E  V  G  A  T  S  I  T  M  N  N  M  U  D
E  G  O  E  N  R  N  I  S  E  M  A  C  R  Y
R  A  Y  S  X  I  L  E  B  A  T  U  E  E  E
P  T  A  S  Y  P  L  S  V  I  C  U  T  M  N
A  N  G  E  S  T  E  E  N  D  L  C  O  E  R
S  A  E  R  T  S  I  D  V  O  A  I  O  R  U
S  V  O  G  O  V  E  L  I  A  I  R  T  I  O
A  D  S  O  B  E  G  I  I  T  R  S  N  Y  J
G  A  H  R  E  L  T  S  U  B  I  T  S  N  I
E  C  S  P  I  R  T  N  G  R  A  O  I  I  G
N  O  I  T  A  N  I  T  S  E  D  H  N  T  M
T  S  E  U  Q  N  O  P  E  N  I  N  G  O  W
```

MOVE	FUTURE	TRIPS
ADVANTAGE	EXPEDITION	REASON
ABILITY	OCCASION	NEED
CHANCE	TRIPS	SPLITS
CHOOSES	JOURNEY	BUSTLER
ROUTE	VINE	MEANS
VOYAGE	TRAVELING	COMMUTE
DESTINATION	PROGRESS	MISSION
ADVENTURE	PASSAGE	QUEST
OPENING		

Message:_____

Solution on page 150

113

```
E  P  G  Y  E  Y  A  Y  T  O  P  I  T  U  R
A  W  O  N  H  B  T  N  E  L  O  N  N  E  L
R  D  J  T  I  E  E  L  A  N  W  C  E  C  S
L  O  I  D  E  M  O  Y  U  R  O  O  S  N  S
Y  L  E  V  E  N  O  T  O  C  D  M  E  E  E
T  S  Y  V  I  V  T  C  O  N  I  E  R  I  C
E  X  O  T  F  N  I  I  H  M  D  F  P  C  C
X  M  E  I  I  E  A  T  A  T  O  S  F  S  U
I  A  M  N  P  L  I  T  C  L  R  R  B  I  S
S  O  I  U  A  M  A  L  I  E  T  O  R  H  D
T  T  T  O  S  B  E  E  E  O  P  T  F  O  U
E  R  E  H  T  R  U  F  R  B  N  S  R  P  W
N  N  E  D  D  E  S  T  I  N  Y  U  O  E  P
C  Y  T  I  L  I  B  I  S  S  O  P  S  R  I
E  D  E  D  E  S  I  M  O  R  P  O  W  N  P
```

HOPE	EARLY	INCOME
PAST	POSSIBILITY	FORTHCOMING
SCIENCE	EXISTENCE	POTENTIAL
PLAY	TOMORROW	NEXT
PROSPECTIVE	ENJOY	TIME
FURTHER	PRESENT	BELIEVE
DIFFICULTY	SUCCESS	MONEY
MOVEMENT	PROMISE	SMITH
DESTINY	ABIDES	DIVINATION
BEYOND	REALITY	

Message:_____

Solution on page 150

114

```
B A S P R E H L G N I O D N U
E P C S A S A R S L E E T I T
S O D H A N M A A T X K L A A
T E I M I P O R Y P R A U T L
T M S F Y E U I E R F I C T E
A I M L C T V R T A O I K A N
E R I F A H I E L U E T C E T
R A S N A E O L M H L A C N G
G C S P N I N I I E G O D I H
N L P C E C I S C B N I S P V
I E E N O S R E P E A T M G O
N N B L U F S S E C C U S L A
N S I M P A C T E D I O N O F
I A N W O D K A E R B I T R H
W A L O N N R U T R E V O Y E
```

ACHIEVEMENT	CHOICE	NATURAL
SOLUTION	WINNING	HAPPEN
TRIUMPH	PERSON	FINAL
TALENT	UNDOING	LUCK
GREAT	FALL	OVERTURN
IMPACT	SUCCESSFUL	MIRACLE
BEST	STRIKE	ATTAIN
ABILITY	SMASH	BREAKDOWN
EXPERIENCE	GLORY	DISMISS
VICTORY	PASS	

Message:_____

Solution on page 150

115

```
E C P U T R E N I M A X E T O
U F A F P T C E J B U S L C Q
G A N S S N O I T S E U Q A U
R S T N E N O P P O A N D F E
A M E L B O R P D O O N O N R
C A T E C H I S M W T T T O Y
R H I N T E R R O G A T E I G
A E A K Y E A N N A Y M R T N
S A D L Y C K T E I E O E A I
N S U N L R U D N H D E D V H
T R E I O E I L T O O U I A T
T M E M N W N U S A U S S R R
A N S W E R E G Q B B S N G E
L A S O P O R P E N T I O G T
T I N T E R V I E W I E C A R
```

INTERROGATE	THEME	IDEA
SUBJECT	CASE	QUESTION
ANSWER	CATECHISM	INQUIRY
QUERY	TRULY	EXAMINER
ISSUE	ARGUE	CONSIDER
PROPOSAL	INTERVIEW	AGGRAVATION
CHALLENGE	WONDER	MESS
PROBLEM	THING	OPPONENTS
DOUBT	KNOW	TOPIC
FACT		

Message:_____

Solution on page 150

116

```
B N E M D N U O R G E C E E E
N N O T D A G L L R Y O S P T
P G R I E I P N A A R U O R A
E I S D T S S P I O M R P O E
N S C E E A E C V T R S R C R
O E H E E R R N I E T E U E C
I D E D P T S T D P A E P S R
T H D I C E R N N C L E S S P
A O U V L L E O M E X I P L L
R M L O L R A T E E C E N T A
E E E R I E D R R S L N Y E N
P W O P R U Y C I A I T O O N
O O F Y D O I U R F I V C C I
O R S E S S E C C A Y N E N N
T K R O E L A L U M R O F D G
```

RENDER   TRAIN   DEVISE
CLARIFY   DRILL   GROUND
SETTING   SCHEDULE   ACCESSES
OPERATION   PREPARE   CREATE
COURSE   PROVIDE   CONCENTRATION
PLANNING   PROCESS   DISCIPLINE
EXERCISE   FORMULA   PURPOSE
HOMEWORK   DESIGN   READY

Message:_____

Solution on page 150

117

```
S G N I K R A M P S Y S T E M
E B N R H T A E R B T D N S O
T N I R P E U L B E M V Y N E
T U I O M P E I N N I N T O A
Q S T U L R R A E R S D I I D
T S I T O O L O O A P L L T E
G A E N E P G N J G A R A A S
S R S K T G M Y T E M O N Z I
C G C A N E D F F N C W O I G
H A H E N I N U E D E T S L N
E C E T E L H T B A F O R I R
D T M P G Y O T I U T R E V B
U I E L Y T S E R O F U P I A
L O S O X I C H U M N A R C N
E N I T O T M A R G O R P E Y
```

BREATH	MARKING	BLUEPRINT
SCHEDULE	OXYGEN	THINK
SCHEME	ACTION	FEATURE
PROJECT	WORLD	PERSONALITY
DESIGN	SYSTEM	CIVILIZATION
GRASS	PLOT	ENVIRONMENT
PROGRAM	INTENTION	BIOLOGY
AGENDA	PLANET	QUIRK
BUDGET	MAPS	FOREST

Message: _____

Solution on page 150

118

```
R O I V A H E B T R T P M E T
E A T Y O N O R M A L U M R C
L L S U O U N E R T S O T S E
A S A E M O C E B T T E E L L
N R M R I D E N T I T Y M C L
O O M F U L I P O T Y E P E E
S L O K E T U N Y U P S E L T
R E T C A R A H C D I N R E N
E H I O K U W N O E C E A B I
P C V N U T L D T R A S M R I
E A A A R O T A V E L E E I M
T B T A Y O U R T A L E N T A
N O I T I N G O C B E E T Y G
S T O L A U D I V I D N I T E
F R N I E N D D I S O R D E R
```

TEMPERAMENT	COGNITION	NATURAL
DISORDER	NORMAL	BECOME
CHARACTER	ELEVATOR	TALENT
EMOTION	STRENUOUS	BEHAVIOR
MOTIVATION	TEMPT	PERSONAL
ATTITUDE	INTELLECT	IMAGE
SOMEONE	SENSE	TYPICAL
TRAIT	INDIVIDUAL	BANKRUPT
CELEBRITY	IDENTITY	BACHELORS
CALLED		

Message:_____

Solution on page 150

119

```
Y  O  U  E  Q  T  N  E  M  W  O  D  N  E  S
T  R  F  A  S  U  I  N  S  T  I  N  C  T  U
E  E  S  V  A  S  A  R  T  I  S  T  I  C  C
S  S  X  S  Y  B  E  L  G  O  M  U  S  I  C
L  G  E  C  E  T  I  N  I  R  I  T  E  E  E
L  N  C  S  E  W  I  L  I  T  H  I  L  D  S
I  I  S  L  I  L  O  V  I  F  Y  B  U  D  S
K  C  H  E  L  M  L  R  I  T  A  T  O  Y  O
S  N  H  I  L  A  O  E  P  T  I  D  A  T  M
E  A  W  A  E  K  G  R  N  T  A  E  C  I  R
X  D  K  V  R  E  C  U  P  C  L  E  S  L  O
P  T  E  C  N  I  O  A  I  O  E  V  R  I  F
E  R  I  I  A  C  S  T  R  Y  I  S  Y  C  R
R  O  U  U  C  N  R  M  L  C  I  F  E  A  E
T  S  S  A  P  U  K  R  A  P  O  S  E  F  P
```

CREATIVITY	CRACKLES	REVEAL
CHARISMA	FINESSE	SKILLSET
ROLE	SUCCESS	WILLING
QUALITY	EXCELLENCE	FACILITY
MUSIC	PROWESS	INSTINCT
KNACK	DANCING	CREATIVITY
APTITUDE	GENIUS	ACCOUNTABLE
EXPERT	ABILITIES	PROMISES
ENDOWMENT	PERFORM	

Message:_____

Solution on page 150

120

```
U N A T I S C I T S I G O L Y
L L O R T N O C Y L O U C G P
I N F O R M A T I O N H O A U
M N S G S A A E Y G O L S E O
U S T C R T Y R T A O H E T R
I N I N H K R I G N N L N U G
M G N N E E Y U H O O U S B E
E E E W A M M C C I R L O I C
T L T R E H E E E T C P R R N
H L W S Y T C G C N U L Y T E
O A O E Y I F E N Y I R O S R
D I R U V S R D M A R T E I E
I C K R E X A O P E R R U D F
Z O E I E N M C N I A R B O E
E S R C E R E P E A T S A S R
```

ARRANGEMENT   METHODIZE   NETWORKER
SENSORY   REPEATS   LOGIC
MECHANISM   ARRAY   CONTROL
CODE   TECHNOLOGY   SOCIAL
INFORMATION   SCHEME   BRAIN
ROUTINE   GROUP   SLOGAN
SERVICE   STRUCTURE   SYSTEM
REFERENCE   FRAME   LOGISTICS
PROGRAM   DISTRIBUTE

Message:_____

Solution on page 150

```
D O A N S C H E D U L E O T A
L L O D Y W W H A N G I S E D
T H A S N D R I F T P T Y P P
E N N T E E A E D Y R E S S T
S M O N T I G E R A O E T R D
R I U I S H R A T A P Y E T E
E A T R T O I E I S O T M M P
E P L P U N G N S D S C E A R
N R I E D Y E K K T E H E U O
I O N U I M P T U T C A O O J
G G E L O A M O N S U R C H E
N R O B U P Y E V I R T N O C
E A O A S A T T E N T I V E T
F M L T L O D A B U D G E T S
T O L P Y S C O N S C I O U S
```

STUDIOUS   LAYOUT   MAP
DRIFT   PLOT   CONTRIVE
STEADY   PROGRAM   BUDGETS
AIM   BLUEPRINT   PROPOSE
THINK   DESIGN   GOALS
PROJECT   SYSTEM   PLAN
INTENTION   OUTLINE   SCHEME
CHART   SERIES   STRATEGY
ENGINEERS   ATTENTIVE   IDEA
AGENDA   CONSCIOUS   SCHEDULE
TIGER

Message:_____

Solution on page 150

122

```
S N M O O L R I E H P A S T Y
T Y H P O S O L I H P T O W R
U I S R E D N U O F N T I H O
D E E T E L R E I U M H E M M
Y T R O E N R O O L I L Y E E
N T E U R U A C C S E E C Y M
A A Q X T E C I T E S G A H T
Y E R L P A G O S O R E G P R
S R U R B E R D N S G N E A A
U C U O A Y R E E I A D L R D
D E O T R T L I T L Y N O G I
U K I E N I I N E I W S C O T
T E V A F E D V O N L O F E I
P E A E S E C N E I C S N G O
E G A T I R E H S I O E N K N
```

RENAISSANCE   CENTURY   TRADITION
LITERATURE   MEMORY   KNOWLEDGE
LEGACY   EVER   TIME
PAST   NARRATIVE   HEIRLOOM
ACCOUNT   RECORD   SEQUEL
STUDY   LIFE   FOUNDER
EXPERIENCE   LEGEND   PHILOSOPHY
GEOGRAPHY   HISTORY   BOOK
SCIENCE   HERITAGE   CULTURE

Message:_____

Solution on page 150

123

```
B A C K L A S H Y R O T C I V
W A S H I F T S E H D A T E V
E R C Y A O I C E E U S R Q S
U E S C T L N N F C T I O N T
S E N T O A L E I I C N H E E
U R E O V M A E F S O U R R A
O I E D I T P O N I H O S Y L
I U A T E P R L T G C W M R Y
R Q P E A P M I I S E I A R A
O C S R V M T A U S L L N A W
T A D B E E K E H M H E A C D
C A N F P V I C M C P M G A A
I V U M O R A H E P A H E B E
V L O E O U T I C H T C D N H
O C R R E A C H L A C S M E T
```

ACQUIRE	VICTORIOUS	ACCOMPLISHMENT
VICTORY	REACH	COMPETITION
SUCCESS	CHECKMATE	STEAL
TRIUMPH	TEMPTS	CHAMPION
ADVANCE	FINISH	DEFEAT
HEADWAY	ACHIEVE	SCORE
PROFITS	CARRY	SHIFTS
MANAGED	PREVAIL	BACKLASH
ROUNDS	CHALLENGE	

Message:_____

Solution on page 150

124

```
I  T  E  G  A  U  G  N  A  L  I  S  N  E  R
C  T  L  A  M  S  Y  B  A  G  I  O  U  E  N
S  O  M  E  C  T  D  O  N  A  I  G  P  N  O
S  E  M  W  I  E  O  I  A  T  N  R  E  R  I
T  H  G  M  S  E  L  G  N  O  E  C  G  F  T
A  T  E  A  U  I  E  E  T  S  T  H  A  N  O
S  S  E  A  M  N  M  O  E  N  I  A  S  O  M
G  I  S  S  C  I  I  N  R  D  R  N  S  T  E
N  N  R  Y  P  L  T  C  U  A  W  N  E  I  S
I  G  E  R  S  A  S  V  A  U  C  E  M  C  P
K  I  V  E  T  U  Y  O  O  T  A  L  H  E  E
A  N  N  I  U  G  R  I  U  G  I  O  E  G  E
E  G  O  H  I  H  G  C  R  N  R  O  H  N  C
P  N  C  E  R  C  A  E  L  U  D  L  N  O  H
S  I  E  X  P  R  E  S  S  I  O  N  N  S  G
```

SINGING   SMILING   COMMUNICATION
SPEECH   LANGUAGE   EXPRESSION
WRITE   MELODY   REPRESENTATION
CHORUS   EMOTION   CONVERSE
LAUGH   SONG   IMAGES
AGENCY   ORACLE   ABYSMAL
MUSIC   VOICE   AGREE
SPEAKING   MESSAGE   CHANNEL
TONGUE   SOUND   MENTION
NOTICE

Message:_____

Solution on page 151

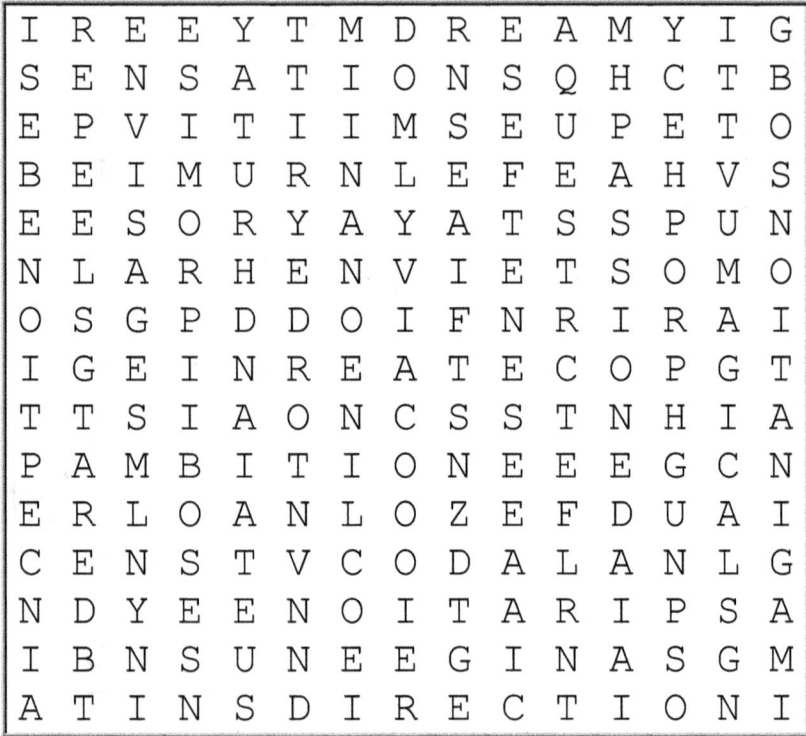

125

```
I  R  E  E  Y  T  M  D  R  E  A  M  Y  I  G
S  E  N  S  A  T  I  O  N  S  Q  H  C  T  B
E  P  V  I  T  I  M  S  E  U  P  E  T  O
B  E  I  M  U  R  N  L  E  F  E  A  H  V  S
E  E  S  O  R  Y  A  Y  A  T  S  S  P  U  N
N  L  A  R  H  E  N  V  I  E  T  S  O  M  O
O  S  G  P  D  D  O  I  F  N  R  I  R  A  I
I  G  E  I  N  R  E  A  T  E  C  O  P  G  T
T  T  S  I  A  O  N  C  S  S  T  N  H  I  A
P  A  M  B  I  T  I  O  N  E  E  E  G  C  N
E  R  L  O  A  N  L  O  Z  E  F  D  U  A  I
C  E  N  S  T  V  C  O  D  A  L  A  N  L  G
N  D  Y  E  E  N  O  I  T  A  R  I  P  S  A
I  B  N  S  U  N  E  E  G  I  N  A  S  G  M
A  T  I  N  S  D  I  R  E  C  T  I  O  N  I
```

SILENCE	PROPHECY	PASSION
IDEALS	REALITY	SNOOZE
FAVORABLE	SLEEPER	MAGICAL
DIRECTION	IMAGINATION	MIND
INTENT	DESTINY	DREAM
RESOLVES	FANTASY	AMBITION
PROMISE	ENVISAGES	QUEST
UNCONSCIOUS	FATE	ASPIRATION
SENSATIONS	INCEPTION	

Message:_____

Solution on page 151

126

```
D E C S M O V E M E N T A E L
U T A R E T T A S T E C R S B
A Y F L E C O T R O T U R A R
D T F I T V N N O I T O M E E
J S L S H E E E O P E A C R A
U U U U V S R N R E A T N C K
S J C E S D S A L E R I Y N Q
T D T U S E M I T A F E D I S
M A U A E S R O N I F F E T W
E G A E U E E S D F O G I T I
N R T S S O I C E I N N A D T
T O E O S T M C I A F L E O C
S W L F I Y T O H O K Y U R H
A V S O S S E C D E V E L O P
E T N O I T A C I F I D O M S
```

VARIETY   MODIFY   TALK
RESOLVE   ACTIONS   ALTERATION
DEVELOP   ADJUSTMENTS EFFECTS
ADJUST   VOICES   CHANGE
TONE   BREAK   DIFFERENCES
MOTION   TRANSITION MOVEMENT
SWITCH   INCREASE   SHIFT
ISSUES   RESULT   FLUCTUATE
EVENTS   GROW   MODIFICATION
NEVER

Message:_____

Solution on page 151

127

```
T A K E C E P I S O D E T I M
Y E T O P H R E N P E T O R W
R L A M I N A O T N U O C C A
O S A R E B I P B E S C T E L
T A C N U T S O T D E A H G E
S Y A O C G O T R E L N T D V
I T E I O K N A R E R W R E E
H I F T S P W I S U L I I L L
F L F P E E I S T C T O B W M
T I E I R S A G A I I H N O G
H T A R Y T I L A E R I N N P
I R T C S T O R I E S W T K L
N E U S N O I T A R E N E G A
G F R E O Y N A R R A T I O N
S A E D I O U R W O R J L D T
```

DESCRIPTION   THINGS   REWARDS
ACCOUNT   KNOWLEDGE   BIRTH
HISTORY   ANIMAL   WRITING
JIG   REALITY   SAGA
PLANT   NARRATION   BOOKS
FICTION   EPISODE   STORIES
TRUTH   TALES   WROTE
GENERATION   FEATURE   SCOOP
FERTILITY   LEVEL   IDEAS
CHAPTER

Message:_____

Solution on page 151

128

```
T M T A K E C D H E O V I C E
N E S C T O N D L A U Y T H A
E T T F A E R B A L V D O F R
T S E A F R A E N C E A A U R
O E I E D I T E T H T S Y A H
P S D F L I R N S N T S N S P
S N D E O A L I O E E U E O S
U E R S B R L O N C T R W A P
B T B L I B C E S L F E I R E
S N E T A E D E Y N R D O T C
T I S T R O N G F F O V O S I
A V S E R A C A U U I C H U F
N E A K E E P L B D L N C B I
C E A L N D S H E L T E R O C
E R C N I A T B O I E S K R S
```

CONSOLIDATE	ENTER	ESTABLISHED
FORCEFUL	FASTENED	POWERFUL
INTENSE	SPECIFICS	SUBSTANCE
KEEP	OBTAIN	SHELTER
PROVIDE	STRONG	RELIABLE
POTENT	ASSURED	CLEAN
FRESH	ENABLE	ROBUST
VULNERABLE	DEFEND	CONTRACT

Message:_____

Solution on page 151

129

```
Y M E D A C A B O U N D A R Y
T Y O E Z I N A G R O E N C U
I M S O C I E T Y U C H O O R
T C H A I R E S Y N F S I M E
N S T S H T A A A S I T P F
E R U E A T W H C H E L A A I
N O I T A D N U O F C B N N N
E A S F A E L W R I S A S Y E
G C R E A T I O N E E T S D L
S O H G Y M S O R M I S Y O O
O L V U U I I V H T U E O A E
C L V E V M I L U E Q H G M A
I E I D R C E T Y N C E O D W
A G A I E N E N T S A H H O T
L E H E R N O I T A C U D E S
```

FOUNDATION   CHAIR   ESTABLISHED
SOCIETY   HEADWAY   SERVICE
SCHOOL   ARGUMENT   HOME
INSTITUTE   ACQUIESCES   ORGANIZE
GOVERN   FACULTY   SOCIAL
ACADEMY   ADVISOR   NATION
EDUCATION   FAMILY   REFINE
STATUS   CREATION   BOUNDARY
ENTITY   COLLEGE   ENHANCE
COMPANY   STATE

Message:_____

Solution on page 151

130

```
T M A K P D A E H A E I P Y N
I R T F I G U R E D I P A A T
I O V P H E A N D N U W R S N
G F E R S T T H E E E T O O
B E N O R A L R K G M R I L I
R R O P E T O A A A A T C L T
E I I O N L H I R T A I I N I
T N T S T S R G E Z S G P O T
A C A A R R O G I T N R A S E
I E E L A R Y N A R O T T H P
T P R C P P A T E J E A I T B
I T C I M G I G E V R C O S H
N I A U R O N C G T O E N R S
I O J O N Y T O S U S M E I E
T N E M H S I L B A T S E F K
```

PROGRAM   FIGURE   SHAKEUP
AGENDA   STRATEGY   CARRIAGEWAY
START   FIRST   PARTNERSHIP
PETITION   PROJECTS   JUMP
AHEAD   INCEPTION   ESTABLISHMENT
PLAN   RIGHT   PARTICIPATION
REFORM   PROPOSAL   INITIATE
MOVE   CREATION   ORGANIZATION
STATION   STARTS

Message:_____

Solution on page 151

131

```
E  T  S  A  Y  T  I  L  I  C  A  F  K  T  E
G  A  N  E  C  E  C  O  L  O  G  Y  N  C  L
D  L  O  A  T  F  O  O  R  P  O  E  S  E  S
U  C  I  O  R  A  W  E  O  F  M  R  O  L  T
J  H  T  A  K  S  C  H  F  H  O  R  P  L  R
C  A  C  I  B  I  N  I  S  E  G  E  A  O  A
O  R  A  N  T  I  C  I  N  A  R  F  S  C  T
M  A  U  O  E  I  L  S  N  U  B  O  J  E  S
M  C  N  C  A  B  T  I  P  Y  M  R  T  O  G
E  T  U  L  A  H  Z  G  T  O  A  M  V  S  R
R  E  E  T  N  A  O  N  T  Y  L  T  O  R  E
C  R  S  I  T  E  D  Y  T  I  V  I  T  C  A
I  E  W  I  T  H  D  R  A  W  A  L  C  B  T
A  M  O  T  I  O  N  S  L  L  O  B  M  Y  S
L  N  E  F  B  O  R  E  K  I  N  G  D  O  M
```

REFORM	KINGDOM	ORGANIZATION
PROOF	CHARACTER	POLICY
TALK	MOTIONS	JUDGE
WITHDRAWAL	STORE	COMMUNICATE
SIGN	SYMBOL	OFFICIAL
FACILITY	ACTIVITY	ECOLOGY
NOTICE	BENCH	COMMERCIAL
GREAT	START	COLLECT
LIABILITY	BODY	ESTABLISHMENT
ACTIONS		

Message:_____

Solution on page 151

132

```
T R O C S E U G A E L L O C S
S T R A E H T E E W S A N I E
T R A V E L E R S M O A P O T
R T E T A R E P O O C L R A A
T C A T N O C N T Q D O L T M
E C I C S I O O U N T M T E U
C O N S O R T A M A S E T R F
F L B E L M I B R P N M A A D
R E O E A N M O U D A I B O P
I C V V T U B U A D L N T A A
E O R A E A A N T I D E I L R
N A N A L R T M M E T Y I O T
D C O L N E T A I C O S S A N
E H O D E I F I N G I D N U E
S C C O M R A D E S O H I P R
```

COOPERATE   FRIEND   SWEETHEARTS
COMPANION   BUDDY   MATES
NOVEL   ESCORT   COMRADE
COLLABORATOR   CONSORT   ACQUAINTANCE
FAMILIAR   COACH   TRAVELERS
COLLEAGUE   ASSOCIATE   CONTACT
AMIGO   FELLOW   UNDIGNIFIED
COMMUTE   PARTNER   ATTENDANT
LOVER

Message:_____

Solution on page 151

133

```
A L P H A G A W I T H D R A W
P R O J D N A B S I D E E C T
O D R L I I F N W O D T U H S
T E R M I N A T E R E P R H S
A T S E I E O S O C O E O E U
A C C O M P L I S H S C H M C
I A C B N P G W S T C C T O C
N R G L O A I R R U A T M S E
R T N O O H C A R O L P L O S
U O I C S S I P R U L C R E S
O R D K S N U P O E T I N E O
J P N A U P P R T L O O S O R
D E E G E A N E E F I N A L C
A D S E N O I T C U R T S B O
T N E M E L T T E S O M E G A
```

OBSTRUCTION	ADJOURN	ACCOMPLISH
TERMINATE	RESTRAIN	COMPLETE
APPROACHES	SUCCESSOR	SETTLEMENT
ALPHA	OMEGA	OCCUR
CLOSURE	ENDING	WITHDRAW
WRAP	CONCLUSION	PROTRACTED
BLOCKAGE	HAPPENING	DISBAND
FINAL	ORDER	SHUTDOWN

Message:_____

Solution on page 151

Cryptograms
134 – numbers

A	B	C	D	E	F	G	H	I	J	K	L	M

N	O	P	Q	R	S	T	U	V	W	X	Y	Z

19   26 15 18 4   2 13 10 23   18 15 22 19 11

18 8 23 23   20 4 23 26   24 15 10

11 15 18 .   5 4 4 16   20 4 2   15 10 3 .

135 – numbers

A	B	C	D	E	F	G	H	I	J	K	L	M

N	O	P	Q	R	S	T	U	V	W	X	Y	Z

4 25   10 20 12   22 7   18 22 3 24 7

7 11 20 12 21 1   16 20   14 3 10

21 20 20 8 18 10 7 '   2 4 25 7   26 4 2 2

22 7 26 3 22 8   10 20 12   26 4 16 1   3

11 7 26   1 7 2 2 20 .

Hints on page 142. Solutions on page 154

136 - letters

A	B	C	D	E	F	G	H	I	J	K	L	M
N	O	P	Q	R	S	T	U	V	W	X	Y	Z

Y I A I H   D I   R Q Q   D L N

R Q   T V F   S M I V R L Q Y V ,

Y I A I H   F Y Q K   R Q Q

G M B O   R Q   Z I T H Y

V Q G I R O L Y N   Y I K .

Readers will revel in the desire for freedom and thrilling space battles as they embark on an explosive journey of shadow schemes and new-found love. Fans of science fiction, romance, and mystery will discover Ms. Jess's tale of a heroic woman determined to forge her own destiny is a satisfying, out-of-this-world adventure.

~Tonya Mathenia for InD'Tale Magazine.

Risk. Reward. Romance.
DEBRA JESS

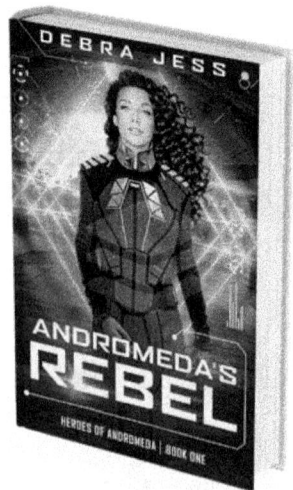

DEBRA JESS

ANDROMEDA'S REBEL

HEROES OF ANDROMEDA | BOOK ONE

debrajess.com

Hints on page 142. Solutions on page 154

Letter Tiles

137

EFO		AC	LET	N .		ING
PAS		S B	TAK		T I	T I O
R E		M E				

138

G I	S C	HIN	EVE	UP
RYT	E S .	OMI	ROS	NG

Hints on page 142. Solutions on page 154

139

ME	W.	MAK	I S	TO
E A	TI	NO	C I S	ION
DE	THE			

(empty grid)

140

N B	GO	NEV	Y E	ONC
AR,	SO	E A	E Y	LAC
BEE	VE	RE	MEP	ER
OU'	EFO			

(empty grid)

Hints on page 142. Solutions on page 154

Cryptogram and Letter Tile Hints

Cryptograms –
Two letters from each puzzle

25

M	R
12	1

26

H	S
1	11

27

C	T
A	F

55

C	L
1	19

56

N	W
19	1

57

R	Y
I	A

86

S	V
15	1

87

G	T
1	14

88

D	L
A	K

104

A	N
1	16

105

R	V
15	1

106

S	W
G	A

134

P	T
26	1

135

H	L
1	2

136

N	V
Y	A

Letter Tiles –
first tile in every puzzle

28 **AN**

29 **WHA**

30 **SOM**

58 **IF**

59 **IF**

60 **THE**

61 **WHA**

89 **EXP**

90 **THA**

140 **ONC**

91 **KNO**

107 **DON**

108 **FOO**

109 **NOT**

137 **LET**

138 **EVE**

139 **THE**

Solutions
Love and Relationships - solutions
Word Searches start on page 9

1
Everything that irritates us about others leads us to an understanding of ourselves. (Carl Jung)

2
Never settle for anyone who isn't happy to be with you

3
The healthiest relationships involve teamwork

4
Love will only be found through the act of loving. (Paulo Coelho)

5
Recognize that all your relationships change over time

6
Start a new and interesting hobby together

7
Leave little notes around the house for lovers and friends

8
Remember to thank them for the little things

9
People are lonely because they build walls instead of bridges
(Joseph F Newton)

10
Choose your relationships wisely. It's better to be alone than to be in bad company

11
Never trust anybody who treats you like you're ordinary.
(Oscar Wilde)

12
Plan an awesome date night even if it is just with yourself

13
Use your existing network to meet some new people

14
Sometimes the advice you give others is what you must follow

15
Something wonderful is just around the corner

16
When bringing up a criticism or complaint start with a compliment first

17
Accept all invitations even if you don't think you will enjoy them

18
The best time to make friends is before you need them. (Ethel Barrymore)

19
Do not put the key to your happiness in someone else's pocket

20
It is time to define the purpose of this relationship

21
A real friend is one who walks in when the rest of the world walks out. (Walter Winchell)

22
Love is a game that two can play and both will win
(Eva Gabor)

23
Forgiveness does not change the past but it does enlarge the future

24
Send a quick text to remind them how important they are

Career - solutions
Word Searches start on page 38

31
Throw yourself to the wolves and you will return leading the pack

32
The things that excite you are not random they are connected to your purpose

33
An old issue you thought was over will come up again this week

34
Big money is coming to you in the very near future

35
You will not lose today so do whatever is on your mind

36
Give people enough guidance to make the decisions you want them to make
(Jimmy Johnson)

37
Take an outside perspective on your work life balance and consider changes

38
Temporary circumstances do not equal permanent reality.
(Greg Hartle)

39
Know the rules well so you can break them effectively
(HH Dalai Lama)

40
A blocked path provides guidance on the best route to take

41
Your current situation is just one element of a much larger plan

42
Once you realize you are your own biggest obstacle nothing can hold you back

43
You are stuck for now so let time pass before taking action

44
An amazing career opportunity is just around the corner

45
Confidently make decisions that align with your wildest dreams

46
Now is the time to stop analyzing and start doing

47
The next opportunity you say yes to will result in a lucrative contract

48
Beware bad influences and wolves in sheep clothing

49
Avoid the temptation to spend surprise income on frivolous goods

50
Your ship is finally coming in so be on the lookout

51
Be prepared to explain a large economic or business decision

52
The most common way people give up their power is by thinking they do not have any. (Alice Walker)

53
Opportunities do not arrive magically you must create them

54
You will soon experience defeat, but you will learn a lot from it

Money and Finances - solutions

Word Searches start on page 67

62
Tackle a small debt today and the big ones will conquer themselves

63
No one has ever become poor by giving. (Anne Frank)

64
"The price of anything is the amount of life you exchange for it" (Henry David Thoreau)

65
Avoid the temptation to spend critical funds on frivolous goods

66
Big money is in the near future so be prepared to take a risk

67
Consider starting your own small business to earn a few extra bucks

68
It is time to take an in depth look at your monthly budget

69
Stash away fifteen percent of whatever money comes in today

70
Expect a money emergency very soon and prepare for it

71
Determine your financial priorities before you allocate funds

72
Invest in one new interesting item for your wardrobe

73
Money does not change people it reveals them

74
"A wise person should have money in their head but not in their heart" (Jonathan Swift)

75
If you desire to feel rich, count the things you have that money cannot buy.

76

For every payday set
up an automatic
transfer to savings

77

You have been in this
situation before do not
repeat the same mistakes

78

If you have been
thinking about a
purchase today is the
day to make it

79

Interesting news about
money will arrive in
the mail this week

80

You will need to
prepare an explanation
for a large upcoming
purchase

81

Beware of little
expenses because a
small leak will sink a
great ship

82

Someone is about to
reach out to you with an
enticing financial
opportunity

83

A search for extra
money proves fruitless
at this time

84

Assess all of your
accounts to see where
you stand today

85

A fresh investment
opportunity is headed
your way

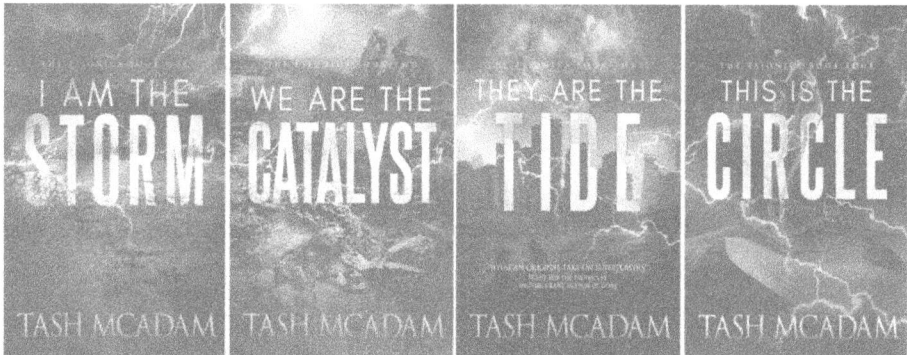

Health - solutions

Word Searches start on page 96

92
A good laugh and a long sleep are the best cures in the doctors book
(Irish Proverb)

93
Practice the art of deep breathing to relieve your anxiety

94
Start drinking one whole glass of water before every meal

95
Do not pass up the next opportunity to go on a walk with a friend

96
Prepare for a big change in your exercise regimen

97
Use many herbs and spices for their antioxidant effects

98
Diets are ineffective so nourish your body with a healthy lifestyle instead

99
You dont have to explain your food to anyone but yourself

100
Consider extra virgin olive oil to benefit your heart health

101
A negative mind will never give you a positive life

102
Send healing thoughts to others and they will be returned to you

103
"It is health that is real wealth and not pieces of gold and silver"
(Mahatma Gandhi)

Life and Experiences – solutions
Word Searches start on page 113

110
"A person often meets his destiny on the road he took to avoid it." (Jean de la Fontaine)

111
Very soon you will go on a long journey over waters

112
The opportunity to start over is beginning right now

113
Your whole world is about to be turned upside down

114
Prepare to make a life changing decision based on faith alone

115
Put off plans and do not take any action until omens are better

116
Be mentally prepared, some events are completely out of your control

117
Spend some time in nature to get a feel for your basic humanity

118
Treat yourself like you would treat your best friend

119
Your favorite childhood activity is your lifes purpose

120
Until you change your thinking you will recycle your experiences

121
Do not allow what happened yesterday to take up too much of today

122
Now is the time to let reason guide you instead of passion

123
Whatever your question there will be a favorable outcome

124
It is time to answer
the fates and pursue
your higher calling

125
It might be time to
burn everything to the
ground and begin again

126
Declutter your space
and liquidate some of
your assets

127
Take time to prepare
because a new life is
coming into your world

128
Make choices today that
favor security and
stability over chance
and risk

129
You must share the
wisdom you have gained
with others

130
Take initiative and get
the ball rolling on the
big changes you seek

131
Take a class or
workshop on a subject
you have not tried
before

132
An important decision
must be made about a
relationship

133
A project or life
phase is coming to its
closure so tie up
loose ends

Love and Relationships
Cryptograms start on page 34

25
Don't assume people
around you are worthy of
your trust.

26
Someone is about to
change his or her mind
about an important
decision.

27
A new friendship or
relationship is just
around the corner

Love and Relationships
Letter Tiles are on page 36

28
An old issue you thought was over will come up again very soon.

29
What hurts now will turn out to be good for you later on.

30
Someone knows more than what he or she will reveal

Career
Cryptograms are on page 63

55
Go confidently in the direction of your dreams.(Henry David Thoreau)

56
Anyone who has never made a mistake has never tried anything new.
(Albert Einstein)

57
If you're offered a seat on a rocket ship, don't ask what seat! Just get on. (Sheryl Sandberg)

Letter Tiles are on page 65

58
If you can dream it, you can do it.
(Walt Disney)

59
If you find yourself in a hole, stop digging.
(Sharon Cooke Vargas)

60
The future depends on what you do today.
(Mahatma Gandhi)

61
Whatever you are, be a good one.
(Abraham Lincoln)

Money and Finances
Cryptograms are on page 92

86
Not he who has much is rich, but he who gives much. (Erich Fromm)

87
The real measure of your wealth is how much you'd be worth if you lost it all.(Benjamin Jowett)

88
It is not the one who has too little, but the one who craves more, that is poor. (Seneca)

Letter Tiles are on page 94

89
"Expect the best. Prepare for the worst. Capitalize on what comes."
(Zig Ziglar)

90
"That man is richest whose pleasures are cheapest."
(Henry David Thoreau)

91
"Know what you own, and know why you own it."
(Peter Lynch)

Health
Cryptograms are on page 109

104
Slow progress is better than no progress.

105
"Start where you are. Use what you have. Do what you can." (Arthur Ashe)

106
You are what you eat, so don't be fast, cheap, easy or fake.

Psychic Word Puzzles

Health **Letter Tiles** are on page 111

107
Don't eat less, eat right.

109
Nothing will work unless you do.

108
"food is not just eating energy. It's an experience." (Guy Fieri)

Life and Experiences

Cryptograms are on page 138

134
a powerful woman will help you now. Seek her out.

136
"Never be too big to ask questions, never know too much to learn something new." (Og Mandino)

135
"If you're brave enough to say goodbye, life will reward you with a new hello." (Paulo Coelho)

Letter Tiles are on page 140

137
Let time pass before taking action.

139
The time to make a decision is now

138
Everything is coming up roses

140
"Once a year, go someplace you've never been before." (Dalai Lama)

Other books in the Applied Divination series

Applied Tarot

An Excessively Practical Guide to Tarot Card Interpretations

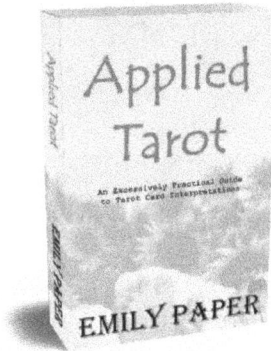

Applied Runes

An Excessively Practical Guide to Interpreting the Elder Futhark Runes

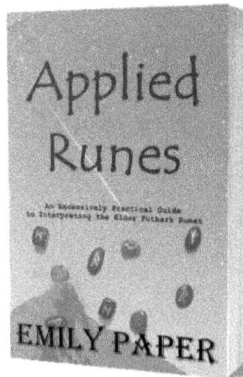

**Follow emilypaper.com for more information
fb.com/emilypaperwrites
twitter.com/AppliedTarot**

www.ingramcontent.com/pod-product-compliance
Lightning Source LLC
Chambersburg PA
CBHW050130280326
41933CB00010B/1315